VENTE A PARIS

Les Jeudi 8 et Vendredi 9 Juin 1911

HOTEL DROUOT, SALLE N° 13

AU REZ-DE-CHAUSSÉE

COLLECTION DE FEU M. A. MOREAUX

Monnaies Françaises

MONNAIES ÉTRANGÈRES

MÉDAILLES. JETONS

COMMISSAIRE-PRISEUR :	EXPERT :
Me ÉMILE BOUDIN	M. ETIENNE BOURGEY
14, RUE DE LA GRANGE-BATELIÈRE	7, RUE DROUOT, 7

PARIS

ADRESSE TÉLÉGR. ÉTIENBOURG-PARIS

Collection de feu M. A. MOREAUX

Monnaies Françaises

MONNAIES ÉTRANGÈRES

MÉDAILLES, JETONS

VENTE AUX ENCHÈRES PUBLIQUES

A PARIS, HÔTEL DES COMMISSAIRES-PRISEURS, RUE DROUOT, 9

SALLE N° 13, AU REZ-DE-CHAUSSÉE

Les Jeudi 8 et Vendredi 9 Juin 1911

A DEUX HEURES PRÉCISES

EXPOSITION PUBLIQUE UNE HEURE AVANT LA VENTE

COMMISSAIRE-PRISEUR :
Me EMILE BOUDIN
14, Rue de la Grange-Batelière

EXPERT :
M. ETIENNE BOURGEY
7, rue Drouot, 7

PARIS

ADRESSE TÉLÉGR ÉTIENBOURG PARIS

Exposition particulière :

Le Mercredi 7 Juin 1911, chez M. Etienne Bourgey, expert, 7, rue Drouot. (Téléphone 274-64).

Exposition publique :

Les Jeudi 8 et Vendredi 9 Juin 1911, Hôtel des Ventes, Salle 13, une heure avant la vente.

La vente aura lieu au comptant.

Les acquéreurs paieront dix pour cent en sus des enchères.

L'authenticité des piéces est garantie.

M. Etienne Bourgey, 7, rue Drouot, se charge d'exécuter les commissions qui lui seront confiées.

L'ordre du catalogue sera suivi. L'expert se réserve le droit de diviser ou de réunir les lots.

MONNAIES FRANÇAISES

1 **Carolingiens**. *Charlemagne, Louis-le-Débonnaire, Charles-le-Chauve, Lothaire*, etc. Deniers. Arg. — Ens. 11 p. B. et TB.

2 **Capétiens**. *Hugues-Capet, Philippe I, Louis VI et VII, Philippe II*. Bill. — Ens. 7 p. B. et TB.

3 *Louis IX* à *Charles IV*. Gros tournois et divisions. Arg. et Bill.— Ens. 6 p. B. et TB.

4 *Philippe VI, Henri VI*. Blanc. *Louis XI, Charles VIII, Louis XII*. — Ens. 12 p. Arg. et Bill. B.

5 *François I, Henri II, Charles IX, Henri III*. Testons et francs. Arg. — Ens. 7 p. AB. et B.

6 *Henri IV, Louis XIII*. Arg. 5 p. *Louis XIV*. Arg. 2 p. Cuivres divers, 12 p. — Ens. 19 p. AB. et B.

7 *Louis XIV*. Mèche courte. Ecu et divisions. Arg. Ens. 5 p. TB.

8 — Mèche longue. Ecu et divisions. Arg. Ens. 4 p. B. et TB.

9 Ecu aux 8 L et divisions. Arg. Ens. 6 p. B. et TB.

10 Ecu aux 3 couronnes et divisions. Arg. Ens. 5 p. B. et TB.

11 Ecu aux insignes et divisions. Arg. Ens. 4 p. B. et TB.

12 Ecu aux 8 L. 1705 et divisions. Arg. — Ens. 4 p. B. et TB.

13 Ecu aux palmes et divisions. Arg. Ens. 4 p. B. et TB.

14 Strasbourg, 40 sols, 33 sols, 10 sols, 12 kreutzer, 4 et 2 sols. Arg. et Bill. — Ens. 6 p. B. et TB.

15 Ecu et pièces diverses dont le liard de Lyon. Arg. B. et TB.

16 LVD. XIIII. Buste à dr. ℞. D. G. etc. 1644. 30 deniers et 15 deniers. Arg. — Ens. 2 p. FDC.

17 Pièces variées. Arg. 9 p. Cuivre 21 p. — Ens. 30 p., la plupart B.

18 *Louis XV*. Ecu vertugadin et divisions. Arg. 5 p. B. et TB.

19 Ecu de France et divisions. Arg. Ens. 6 p. B. et TB.

20 Ecu de Navarre et divisions. Arg. Ens. 5 p. TB.

21 Ecu aux palmes. Contremarqué Berne, 40 sols de Strasbourg, petit divisions. Arg. 6 p. B. et TB.

22 Ecu aux lauriers et divisions. Arg. Ens. 5 p. AB. et B.

23 Ecu aux 8 L et divisions. Arg. Ens. 6 p. B. et TB.

24 Ecu au bandeau et divisions. Arg. Ens. 6 p. B. et TB.

25 Ecu tête vieille. Arg. et divisions. Arg. Ens. 6 p. B. et TB.

26 Colonies. Arg. 8 p. Billons 6 p. Cuivres de France et Colonies. 36 p. — Ens. 50 p. En général B. et TB.

27 *Louis XVI.* Ecu et divisions. Arg. 7 p. B. et TB.

28 Ecu de Calonne. Arg. Frappe postérieure. FDC.

29 Ecu coulé et divisions id. Ens. 6 p.

30 Ecu contremarqué Berne. Arg. B.

31 Ecus 6 p. Demi-écus. 2 p. 6 sols troué. Arg. — Ens. 9 p. B. et TB.

32 Ecu faux, cuivre; sols et divisions, 18 p. — Ens. 19 p. B.

33 Ecu constitutionnel et divisions. Arg. Ens. 4 p. B. et TB.

34 Autres. Arg. et Bill. 9 p. AB. et B.

35 Ecu contremarqué Berne. Arg. — Sols, cuivre et divisions. 14 p. — Ens. 15 p. AB. et B.

36 **De la Révolution à nos jours**. *République*. 6 livres. 2 p. Arg. TB.

37 Louis XVI. 12 sols. Arg. Essais de frappe moderne, 2 p. Autres. Cuivre, 14 p. Louis XVII, 2 essais modernes. — Ens. 19 p.

38 LA NATION, LA LOI, LE ROI. Couronne. ℟. MÉTAL DE CLOCHE, 1791. Ecus du roi et de la Nation. TB.

39 LOUIS, etc. Buste à dr. 1791. ℟. POUR ESAIE. Pique et bonnet dans une couronne. Métal de cloche. B.

40 2 sols et divisions, 11 p. Essais faux de Dupré, Duvivier, etc. Cuivre, étain et métal de cloche, 6 p. Mirabeau, Br. — Ens. 18 p. La plupart B. et TB.

41 Monnerons au pacte fédératif, au serment, à l'Hercule. Assignats métalliques. Br. — Ens. 14 p. TB.

42 Monnerons à l'Hercule. Jean-Jacques Rousseau et Lafayette. Br. — Ens. 6 p. TB.

43 Assignats métalliques. Monneron, Clémanson, Montagny, Maromme, Saint-Vast. Cuivre. — Ens. 12 p. B. et TB.

44 Caisse métallique, Potter, Lefèvre et Lesage. Métal blanc et cuivre. — Ens. 7 p. B. et TB.

45 BARNABITES. 1791. Bonnet de Liberté. ℟. Cloche. Pièce ovale avec bélière. TB.

46 Essais de 1792. Mirabeau. Liberté française. Loi des Français. Pour esaie. Métal de cloche et Br. — Ens. 6 p. B. et TB.

47 Essais plomb. 3 p. Essais de Brézin et de Dupré, 1792 et 1793. Plusieurs refrappes. Br. 14 p. — Ens. 17 p. B. et TB.
48 République. 5 francs. An 5 et an 7. Arg. 2 p. TB.
49 5 Décimes de Robespierre et Cuivres divers de la Révolution, 29 p. B. et TB.
50 5 francs, an 8. Arg. 2 p. B. et TB.
51 *Guerres contre la France.* Eichstaedt. Joseph. Ecu et 1/2 écu. Arg. — Ens. 2 p. TB.
52 Fulda. Ecu et 1/2 écu. Arg. — Ens. 2 p. TB.
53 Francfort. Ecu. Bamberg. Ecu. Arg. — Ens. 2 p. TB.
54 Mayence. Ecu arg. et 1/4 kreuzer cuivre. — Ens. 2 p. TB.
55 Trèves. Clément Wenceslas. Ecu. Arg. TB.
56 Wurtzbourg. Georges-Charles. Ecus. 2 p. Divisions 2 p. Arg. — Ens. 4 p. TB.
57 *Républiques étrangères.* Bologne. Ecus et 1/2 écu. Arg. — Ens. 3 p. TB.
58 Rép. Romaine. Scudo. Arg. — Cuivre. 4 p. — Ens. 5 p. B. et TB.
59 Rép. Napolitaine. Ecu de 12 carlins. Arg. TB.
60 Rép. Venète. Ecu. 1797. — Répub. Cisalpine. Ecu et 30 soldi. Arg. — Ens. 3 p. TB.
61 Rép. Piémontaise. 1/2 écu arg. et 2 cuivre. — Ens. 3 p. TB.
62 Rép. Ligurienne. 1804. Scudo. Arg. TB.
63 Gênes. Ecu 1797 et divisions. Arg. 6 p. TB.
64 Genève. Demi-écu TB. et divisions. B. — Ens. 3 p.
65 Révolution brabançonne. Ecu. 1790. Arg. TB.
66 — Divisions. Arg. 2 p. Cuivre 3 p. — Ens. 5 p. TB.
67 *Bonaparte Premier Consul.* 5 francs. An XI. Arg. 2 p. TB.
68 — 5 francs an XII et divisions. Arg. — Ens. 8 p. TB.
69 Cuivres de la République. — Ens. 15 p. AB. et B.
70 Essais et cuivres divers; plusieurs refrappes. 5 Décimes de l'an 8. Essai de Muller. Bonaparte, essai de Gengembre, Lavoisier, etc. — Ens. 24 p. B. et TB.
71 *Napoléon.* 5 francs, an XIV et 1806, Arg. 2 p. B. et TB.
72 — 5 francs. 1807. Arg. TB.
73 — 5 francs. 1810, 1813. Arg. 2 p. TB.
74 — 5 francs. 1815. Arg. TB.
75 — 2 francs et divisions. Arg. 8 p. B. et TB.
76 — 2 francs, 1812, 1813, 1815. Divisions 4 p. Arg. — Ens. 7 p. B. et TB.

77 — 2 francs et divisions. Arg. 3 p.— Billon et cuivre. 11 p.— Ens. 14 p. En général B.
78 Italie. 5 lire 1814. 2 p. et divisions. Arg. 8 p. — Billon 1 p. Cuivre 9 p. — Ens. 20 p. B. et TB.
79 Napoléon. 5 francs incus, franc incus. Arg. Essai 10 cent. Cuivre centre Arg. — Ens. 3 p. B.
80 *Monnaies obsidionales.* Lyon, Milan, Mantoue. Quelques fausses. Br. — Ens. 7 p. B. et TB.
81 Barcelone, 5 pesetas et peseta. 3 p. Gérone, douro. Arg. — Ens. 4 p. TB.
82 Maestricht. 100 stuyvers. 1794. Arg. TB.
83 Ile de France et Bonaparte. 10 livres. 1810. Arg. TB.
84 Zamosc. 2 zlote 1813. Cattaro. 1 franc 1813. Arg. — Ens. 2 p. B.
85 Strasbourg. Cuivre, 7 p. Anvers. Cuivre. 24 p. — Ens. 31 p. B. et TB.
86 Lille, Luxembourg, Mayence, Barcelone. Cuivre. 28 p. Tournai. 20 sols. Arg. carré. — Ens. 29 p. B. et TB.
87 *Napoléon II.* 5 francs, 2 et 1 franc, demi et quart. — Ens. 5 p. repatinées. TB.
88 — 10, 5, 3 et 1 centime. Cuivre. — Ens. 4 p. TB.
89 *Marie-Louise.* 5 lire 1815 et divisions. Arg. — Ens. 6 p. TB.
90 *Louis-Napoléon.* 50 stuyvers. 2 p. Arg. TB.
91 *Joseph-Napoléon.* Naples. 120 grana. 1808. — Espagne, 20 réaux. 1812. Arg. — *Jérôme.* Westphalie. Cuivre. 9 p. — Ens. 11 p. B. et TB.
92 — Thaler 1810 et 2 divisions. Arg. Billon. 2 p. — Ens. 5 p. TB.
93 *Elisa et Félix.* 5 francs 1805 et franc. Arg. TB. *Joachim Napoléon.* 12 carlins. Arg. Fruste. Bill. 2 p. Cuivre 1 p. *Bernadotte.* Arg. 3 p. Bill. 1 p. Cuivre. 1 p. B. — Ens. 11 p.
94 *Joachim Murat.* 5 lire 1813 et divisions. Arg. 4 p. TB. et FDC.
95 *Les Alliés à Paris.* François I. Ange de paix. 1814. Module de 2 francs. Arg. TB.
96 *Louis XVIII.* 5 francs. 1814. Arg. FDC.
97 — 5 francs 1817 et 1820. Arg. 2 p. TB.
98 — Autre. 1823. Arg. TB.
99 2 francs 1823 et 1824 et divisions. Arg. — Ens. 10 p. TB.
100 *Charles X.* 5 francs. 1825. Arg. TB.
101 5 francs, 1826 et 1829. Arg. 2 p. TB.
102 5 francs, revers incus. Arg. B.
103 Visite du roi et de la reine des Deux-Siciles. 1830. Module de 5 francs. Tranche lisse. Arg. FDC.

104 2 francs, 1827, 1828, 1829 et divisions. Arg. 9 p. Essais de Moreau, 2 p. cuivre. — Ens. 11 p. B. et TB.

105 Essais pour l'avers, module de 5 francs, étain et cuivre. 21 p. variées. TB.

106 *Louis-Philippe*. 5 francs 1830. Arg. B.

107 5 francs 1831 ; deux types. Arg. TB.

108 5 francs 1848. Arg. TB.

109 5 francs et 2 francs, revers-incus. Arg. 2 p. TB.

110 Visite à la monnaie de Rouen. 1831. Module de 5 francs. Arg. B.

111 2 francs. 1837 et 1847 et divisions. Arg.— Ens. 14 p. Arg. TB. et FDC.

112 Essais cuivre, 28 p. ; étain, 1 p. ; carton, 1 p. Décime républicain surfrappé. 1 p.— Ens. 31 p. variées. TB. et FDC, la dernière fruste.

113 *Henri V*. Francs. 1831. 2 p. Demi. 1833, 10 et 5 cent. Arg. — Ens. 5 p. TB.

114 2me *République*. 5 francs à l'Hercule. 1848. Arg. TB.

115 5 francs à l'Hercule. 1849. Arg. FDC.

116 5 francs. type de Cérès. 1851. Arg. TB.

117 5 francs à l'Hercule. 1848. 20 cent. 3 p. Arg. Centimes, 13 p. cuivre. — Ens. 17 p. TB. et FDC.

118 Concours monétaire de 1848. 5 francs, étain, 5 p. ; Décimes, cuivre et étain, 10 p. Piéfort du 10 cent. d'Alard. Cuivre. Essai de Thonnelier. Cuivre. — Ens. 17 p. variées. TB.

119 Essais divers. Banque du peuple, 1848. Cuivre, 12 p. Dijon. 5 cent. Essai de 5 francs, 1853 par Barre. Etain. Essai dédié à la princesse Mathilde par Caqué. Métal. — Ens. 15 p. B. et TB.

120 *Louis-Napoléon*. 5 francs. 1852. Pièce dite à la mèche, signée J.-J. Barre. Arg. TB. Rare.

121 5 francs 1852 et divisions. Arg. — Ens. 5 p. TB.

122 *Napoléon III*. 5 francs. 1861 et 1868. Arg.— Ens. 2 p. TB. et FDC.

122 *bis* Essai de 2 francs par Bouvet. 1856. Tranche lisse. Arg. FDC.

123 Tête nue. 2 francs, 2 p. ; francs, 4 p. ; 50 et 20 cent. 5 p. Arg. ; cuivre, 16 p. — Ens. 27 p. TB. et FDC.

123 *bis* Tête laurée. 2 francs et divisions. Arg. 12 p. Cuivre. 13 p. — Ens. 25 p. TB.

124 Visite à Lille. Arg. 3 p. ; cuivre 7 p. Pièces satiriques 16 p. cuivre. — Ens. 26 p. TB.

125 3e *République*. 1870. Tête de Cérès. 5 francs et 2 francs. Arg. TB.

126 1870. Variété. 5 francs et 2 francs. Arg. TB.

127 5 francs 1870. Cérès. Les 2 variétés de revers. Arg. TB.

128 1870. Type d'Hercule. 5 francs. Arg. TB.

129 Bordeaux. 1870. 5 francs et 2 p. de 2 francs ; 1871. 2 francs. Arg. Paris. 1870, 10 cent., cuivre. 3 p. — Ens. 7 p. TB.

130 5 francs. 1871. Tête de Cérès. 5 francs de la Commune, type d'Hercule. Arg. 2 p. TB.

131 — 1871. 5 francs de la Commune. B. 2 francs, franc. 50 cent. Arg.; 10 cent., 5 cent. cuivre. — Ens. 6 p. TB.

132 — 1872. 5 francs et divisions. Arg. 4 p. ; cuivre, 3 p. — Ens. 7 p. Très belles.

133 — 1873. 5 francs et divisions. Arg. 4 p. ; cuivre, 3 p. — Ens. 7 p. TB. et FDC.

134 — 1874. 5 francs. Arg. ; cuivre 4 p. — Ens. 5 p. TB. et FDC.

135 — 5 francs. 1875 et 1877. Arg. FDC. Cuivre. 1875 à 1878. 15 p. — Ens. 17 p. TB. et FDC.

136 Pièces divisionnaires. 1879 à 1895. Arg. 8 p. ; cuivre. 1879 à 1898. 82 p. — Ens. 90 p. TB. et FDC.

137 Essai de fantaisie. Thiers. 5 francs. 1872. Arg. FDC.

138 Gambetta. 5 francs. S. d. Arg. FDC.

139 Mac-Mahon. 5 francs. 1874. Arg. FDC.

140 Essais de Napoléon IV. 1874. Franc. Arg. et 10 cent. Cuivre. 10 cent. au ballon. Projet de Michelin, etc. — Ens. 8 p. TB.

141 Essais de 10 cent. de 1898 par Merley. 25, 10, 5 cent. de la Sté le Nickel. Alliage monétaire, 5 cent. 1877. — Ens. 5 p. FDC.

142 Essai de 10 centimes de Daniel Dupuis. Tête de République à g. ℟. Enfant sur les genoux de la France. 1897. Br. FDC. Rare.

143 Essai du 5 centimes. Même type. Br. FDC.

144 Essai de 10 et 5 cent. au buste à dr. Cuivre. — Ens. 2 p. TB.

145 50 centimes, semeuse. 1897. Arg. 4 p. dont 3 patinées. — 10 cent. 2 cent. et cent. cuivre. 17 p. — Ens. 21 p. TB. et FDC.

146 2 francs, franc et 50 cent. à la semeuse, de 1898 à 1905. Arg. 23 p. — 25 cent. nickel, 3 p. — Cuivre, de 1898 à 1908. 64 p. — Ens. 90 p. TB. et FDC.

147 **Divers.** Volkes Tectosages. Arg. 13 p. Saïgas de Marseille. 4 p. Arg. Monnaies anciennes. 3 p. Arg. et 8 p. Br. — Ens. 27 p.

148 **Colonies.** *Ile Bourbon, Guyane*, 3 p. *Colonies*. 11 p. Cuivre. Louis XVIII. Essais de 5 et 10 cent. Charles X. Essai de 5 cent. Louis-Philippe. Essai du 10 cent. Br. — Ens. 18 p. TB. et FDC.

149 *Annam* et *Tonkin*. Arg. 8 p. Cuivre et zinc. 26 p. — Ens. 34 p. B. et TB.

150 *Inde française*. Arg. 6 p. Cuivre. 2 p. *Travancore*. Arg. 2 p. *Népaul*, etc. Arg. 2 p. Cuivre. 3 p. — Ens. 15 p. B. et TB.

151 *Siam*. Monnaies-lingots, 8 p. Bas argent. Pièces en porcelaine et en verre, 18 p. — Ens. 26 p. TB.

152 Chulalongkorn. Arg. 11 p. Nickel, 1 p. Métal blanc, 1 p. Cuivre, 11 p. — Ens. 24 p. B. et TB.

153 *Maroc*. Arg. 1 p. Cuivre, 4 p. Atelier de Paris, 1299. Douro et divisions. Arg. 6 p. Atelier de Londres, 1320. Douro et divisions. Arg. 3 p. Cuivre. 10 p. — Ens. 24 p. TB. et FDC.

154 Atelier de Berlin. Arg. 6 p. Cuivre, 2 p. *Tunis*. Arg. 6 p. Cuivre, 25 p. — Ens. 39 p. TB. et FDC.

155 *Alger*. Surmoulage du quadruple de France. Piastre et divisions. Arg. 7 p. Cuivre, 3 p. *Comore*. 5 francs. Arg. 10 cent. Cuivre. — Ens. 13 p. B. et TB.

156 *La Réunion*. Essais du franc et de 50 cent. 1896. Melchior. Arg. 2 p. FDC.

157 *Congo français*. Étain, 5 p. *Congo belge*. Léopold II. Arg. 5 p. Cuivre, 6 p. — Ens. 16 p. TB.

158 *Madagascar*. Arg. 13 fragments. Essai de 10 cent. de Ranavalo, 1885. Cuivre. *Libéria*. 50, 25 cents. Arg. Cent. Cuivre. — Ens. 17. B. et TB.

159 *Porto-Novo*. 10 c. Cuivre et 4 p. caoutchouc. *Grand Bassam*. Manilles, 2 p. Cuivre. *Golfe de Guinée* et intérieur. Cauris, 29 p. — Ens. 36 p. TB.

160 *Guadeloupe*. 24 sols de Louis XV et fragment de peso contremarqués. Arg. 2 p. B.

161 12 Sols et 6 sols de Louis XV contremarqués. Arg. 2 p. B.

162 Fragments contremarqués RF. (Escalins). Arg. 3 p. Cuivre. 2 p. — Ens. 5 p. B.

163 Fragment octogone, contremarqué 4. E. RF (4 escalins). Arg. Franc et 50 cent. 1903. Nickel, 3 p. — Ens. 4 p. TB. et FDC.

164 *Martinique*. 2 réaux et réal percés d'un cœur. Arg. 2 p. et Cuivre. 3 p. — Ens. 5 p. B.

165 Peso de Ferdinand VI. Mexico, 1751, percé d'un cœur. Arg. B.

166 Partie centrale en forme de cœur, enlevée de piastres. Arg. 2 p. 5 cent. An V, contremarqué d'un cœur. Cuivre. — Ens. 3 p. B.

167 Bon pour 50 cent. 1897. La même pièce, essai en piéfort. Melchior. *Counani*, 1887, 20 cent. Nickel. — Ens. 3 p. TB.

167 *bis Sainte Lucie*. Coupure de piastre poinçonnée de 3 monogr. SL. Moco. Arg. TB. 5 cent. de la République contrem. SL. Cuivre. — Ens. 2 p.

168 *Indo-Chine*. Piastre et divisions. Arg. 9 p. Cuivre 18 p. — Ens. 27 p. TB.

169 *Cambodge*. Pagode et divisions. Arg. 6 p. Cuivre, 8 p. — Ens. 14 p. B. et TB.

170 Norodom. Piastre et divisions. Arg. 9 p. Cuivre, 6 p. Monnaies commémoratives. Arg. 3 p. — Ens. 18 p. B. et TB.

171 Collection de papiers-monnaie : Banque de Law. 1720. Assignats et domaines nationaux, de 10.000 livres à 10 sols. Assignats vendéens. Bons des communes. Loterie nationale. Emprunt forcé. Sièges de Lyon et de Mayence. Ile de France. Ateliers nationaux de 1848. Billets de banque et bons de monnaie de la guerre de 1870-71, Paris et province. Souvenirs du siège de Paris : cartes de boucherie. Environ 110 pièces. A ce numéro est joint un lot de papiers concernant la Révolution.

171 *bis* Cours de la Bourse. An 4 (1re cote de Bourse imprimée). 2 vendémiaire et jours suivants — Plusieurs autres cotes.

MONNAIES ÉTRANGÈRES

172 **Grande-Bretagne.** Anne, Couronne et divisions. Arg. — Ens. 3 p. B. et TB.

173 Georges II. 2 1/2 shillings. Peso contremarqué. Georges III, 5 shillings. Arg. — Ens. 3 p. TB.

174 Cuivre variés 7 p. Petites monnaies de divers règnes. Arg. 43 p. Essais (?) petit module, 6 p. — Ens. 56 p. TB.

175 Banque d'Angleterre, 1804. Dollar et division. Georges III et IV. Arg. 8 p. Cuivre, 23 p. — Ens. 33 p. B. et TB.

176 Victoria. Tête nue. Arg. 6 p. Cuivre. 21 p. — Ens. 27 p. B. et TB.

177 Tête couronnée. Arg. et métal blanc, 6 p. TB.

178 Cinquantenaire, 1887. Buste voilé et couronné à g. ℟. Saint Georges, 5 shillings. Arg. FDC.

179 Même type 1889, 4 shillings, 1887 et divisions, 12 p. B. et TB. Pièce de 2 sh. 1/2 à 4 têtes. Arg. FDC. — Ens. 13 p. TB.

180 Autres, 1893. Arg. 9 p. Cuivre 7 p. Edouard VI et Alexandra. Couronnement, 1902. Arg. — Ens. 17 p. B. et TB.

181 **Colonies anglaises.** *Alwar*. Roupie. *Bikanir*. Roupie. *Birmanie*, 5 p. Arg. Cuivre des colonies, 25 p. *Jamaïque*. Nickel, 3 p. — Ens. 35 p. B. et TB.

182 *Canada*. Arg. 12 p. Cuivre, 16 p. *Ceylan*. Arg. 8 p. Cuivre, 8 p. — Ens. 44 p. B. et TB.

183 *Honduras* britannique. Arg. 4 p. Cuivre, 1 p. *Hong-Kong*. Dollar et divisions. Arg. 9 p. Cuivre, 9 p. *Iles Ioniennes*. Arg. 2 p. Cuivre 7 p. — Ens. 32 p. B. et TB.

184 *Indes anglaises*. Arg. 8 p. Cuivre 13 p. — Ens. 21 p.

185 *Afrique, Chypre, Colombie, Gibraltar, Guernesey, Guyane, Inde*. Arg. 18 p. Cuivre, 37 p. — Ens. 55 p. B. et TB.

186 *Etats indiens*, etc. Arg. 8 p. Cuivre, 7 p. — Ens. 15 p. B. et TB.

187 *Malacca*. Dollar et divisions. Arg. 10 p. Cuivre, 4 p. — Ens. 14 p. TB.

188 *Sarawak*. 50 cent. Arg. Cuivre, 3 p. *Colonies diverses*. Arg. 2 p. Cuivre, 8 p. Nickel, 1 p. — Ens. 15 p. B. et TB.

189 *Mombasa*. Roupie Arg. Cuivre, 2 p. *Montserrat*. Peseta contremarquée. Arg. et 1 p. Cuivre. — Ens. 5 p. B. et TB.

190 *Madras*. Roupie et divisions. Arg. 7 p. TB. et B.

191 *Mazulipatam*. Arg. 4 p. *Aoude*. Arg. — Ens. 5 p. TB.

192 *Maurice*. Arg. 3 p. Cuivre, 6 p. Tokens divers. Cuivre, 8 p. — Ens. 17 p. B. et TB.

193 *Terre-Neuve, Singapore*. Arg. 6 p. Cuivre, 6 p. — Ens. 12 p. B. et TB.

194 *Transwaal*. 2 1/2 shillings et divisions. Arg. 5 p. Cuivre, 2 p. *Zanzibar*. Dollar. Arg. Cuivre 2 p. — Ens. 10 p. B. et TB.

195 *Malte*. Emmanuel Pinto, 30 tari. B. Emmanuel de Rohan, 1796. 2 scudi. Arg. FDC. Cuivres variés, 8 p. B.—Ens. 10 p. AB. et B.

196 **Danemark**. Christian VIII. Daler, 1844. Frédéric VII. Daler 1855 et divisions. Christian IX et Frédéric VII. Daler. Arg. 9 p. Cuivre, 10 p. — Ens. 19 p. B. et TB.

197 Christian IX. 2 kroner, divisions et pièce commémorative. Arg. 5 p. Cuivre 9 p. *Antilles danoises*. Arg. 5 p. Nickel, 1 p. Cuivre, 3 p. — Ens. 23 p. TB. et FDC.

198 **Suède**. Charles XII, 2 marcs, 1700. Arg. Dalers de nécessité, 10 p. et 2 cuivres. — Ens. 13 p. B. et TB.

199 Frédéric. Daler des mines. Grande plaque de cuivre carrée, frappée au centre d'une estampille : 1 DALER. SILF. MYNT. et aux 4 angles de FR. S. 1731. TB.

200 Adolphe-Frédéric. Demi-daler des mines, 1751; 2 ore, Cuivre Gustave III. Daler et divisions. Arg. 3 p. — Ens. 5 p. TB.

201 Gustave IV. Daler. 1801. Arg. et 1 p. Cuivre. Charles XIII. Arg. et 3 Cuivre. — Ens. 6 p. B. et TB.

202 Bernadotte. Arg. et 9 Cuivre. Oscar I. Arg. 2 p. et 1 Cuivre. Charles XV. Daler et 2 p. Arg.; 2 Cuivre. — Ens. 18 p. B. et TB.
203 Oscar II. 2 Kronor du Jubilé et 8 p. Arg. 1 Nikel. 7 Cuivre. Gustave V. 1 p. Cuivre. — Ens. 18 p. B. et TB.
204 **Norvège.** Haakon VII. 2 Kronor commémoratif, 1906. Arg. Cuivre 5 p. — Ens. 6 p. TB. et FDC.
205 **Provinces-Unies.** Ducatons et divisions. Arg. 7 p. Cuivre 9 p. — Ens. 16 p. B. et TB.
206 *Utrecht.* Demi-ducaton, 1791. Arg. FDC. *Révolution brabançonne.* Florin 1790. Arg. B. — Ens. 2 p.
207 **Pays-Bas.** Louis-Napoléon, 50 stuyvers, 1808. Arg. FDC. Ducaton d'Utrecht 1808. Arg. TB. 1 p. Cuivre. — Ens. 3 p.
208 Guillaume I. Arg. 6 p. Cuivre. 3 p. Guillaume II. Arg. 3 p. Nickel 1 p. Cuivre 14 p. — Ens. 27 p. TB.
209 **Belgique.** Léopold I. Arg. 8 p. Léopold I et II. 5 francs du cinquantenaire 1880. Arg. Nickel variés 23 p. Cuivre 21 p. — Ens. 53 p. FDC. B. et TB.
210 **Luxembourg.** Billon. 2 p. Nickel 3 p. Cuivre. 21 p. — Ens. 26 p. B. et TB.
211 **Saint-Empire.** Léopold. Thalers. 1683 et 1700. Thaler de Hongrie. 1691. Joseph I. Thalers. 1707 et 1710. Arg. — Ens. 5 p. TB.
212 Charles VI. Thaler, 1718. Thaler de Hongrie. 1734. Frédéric-Auguste. 1/2 thaler du Vicariat, 1742. Arg. — Ens. 3 p. TB.
213 François I. Thaler, 1759. Thaler de Ratisbonne, 1754. Arg. Bill. 2 p. Cuivre. 2 p. — Ens. 6 p. B. et TB.
214 Joseph II. Thaler, 1771. Id. pour la Flandre, 1787. Id. pour Ratisbonne, 1766. Arg. Cuivre 4 p. — Ens. 7 p. TB. et FDC.
215 François II. Thaler de Friedberg, 1804. Id. pour la Flandre, 1794. Divisions. Bill. 3 p. Cuivre 9 p. — Ens. 14 p. B. et TB.
216 Thaler de Ratisbonne, 1792. Arg. FDC.
217 *Bade.* Thalers, Gulden, 5 mark et divisions. 8 p. Arg. 3 p. Bill. 9 p. Cuivre. — Ens. 20 p. B. et TB.
218 *Anhalt.* Thaler de réunion, 1863. FDC. *Oldenbourg.* 3 p. Bill. et Cuivre. *Bavière.* Maximilien. Thaler, 1814. Arg. 6 p. Cuivre. — Ens. 11 p. B. et TB.
219 Louis I, Maximilien, Louis II, Othon. Thalers et divisions. Arg. 10 p. Billon. 6 p. — Ens. 16 p. FDC. B. et TB.
220 *Lippe* et *Schaumbourg-Lippe.* Arg. 2 p. Cuivre 8 p *Hambourg.* Arg. 4 p. Bill. 4 p. — Ens. 18 p. B. et TB.
221 *Charles Dalberg,* primat. Thaler 1808. *Charles d'Isenbourg.* Ducat, 1811 (essai). Arg. — Ens. 2 p.

222 *Francfort.* Thalers et divisions. Arg. 7 p. Bill. 3 p. Cuivre 3 p. — Ens. 13 p. B. et TB.

223 *Hesse-Darmstadt.* Double thaler, 1840 et divisions. Arg. 4 p. Bill. 3 p. Cuivre, 1 p. — Ens. 8 p.

224 *Wurtemberg.* 2 Gulden, 5 mark, divisions. Arg. 6 p. Bill. 5 p. Cuivre, 1 p. — Ens. 12 p. B. et TB.

225 *Mecklembourg-Schwérin*, 5 mark et 2 mark aux deux têtes, 1904. *Mecklembourg-Strélitz.* Thaler. 1870. *Waldeck.* 5 mark, 1903. Arg. 1 Bill. 4 Cuivres. — Ens. 9 p. TB. et FDC.

226 *Reuss.* Arg. 2 p. *Schwartzbourg.* Arg. et Bill. *Hanovre.* Arg. 2 p. Bill. et Cuivre. 2 p. *Brunswick.* Arg. 1 p. Cuivre. 1 p. — Ens. 10 p. B. et TB.

227 *Lubeck.* Arg. 2 p. *Brême.* Arg. 1 p. Bill. 5 p. *Palatinat.* Arg. 1 p. Cuivre. 1 p. Divers. Cuivre. 5 p. — Ens. 15 p. B. et TB.

228 *Prusse.* Frédéric II. Thaler. Frédéric-Guillaume II. Thaler et 2/3 thaler. Arg. Cuivre. 4 p. — Ens. 7 p. B. et TB.

229 Frédéric-Guillaume III. Thalers, 3 p. Frédéric-Guillaume IV. Double thalers, 2 p. Arg. Bill. 2 p. Cuivre. 3 p. — Ens. 10 p. B. et TB.

230 Guillaume I. Thalers. 3 p. Arg. Divisions. Arg. 4 p. Bill. 5 p. Nickel. 8 p. Cuivre. 8 p. — Ens. 28 p. B. et TB.

231 Frédéric III. 5 et 2 mark, 2 mark du couronnement, 2 mark pour sa mort. Arg. — Ens. 4 p. TB. et FDC.

232 Guillaume II. 5 et 2 mark aux deux têtes. 1901. 5 mark 1888 et 1904. Arg. — Ens. 4 p. TB. et FDC.

233 2 mark du couronnement 1888. 2 mark 1900 et divisions. Arg. 7 p. Nickel. 8 p. Cuivre. 3 p. *Nassau.* Gulden. Arg. Bill. 3 p. Cuivre 9 p. — Ens. 31 p. B. TB. et FDC.

234 *Saxe.* Frédéric-Auguste. Thaler 1820. Frédéric-Auguste II. Double thaler et thaler. Jean. Thaler des mines. 1866. Arg. Bill. 4 p. Cuivre 5 p. — Ens. 13 p. B. et TB.

235 Georges V. 5 mark 1903 et 1904. Thaler de la Ste de Numismatique de Dresde. 1894. Frédéric-Auguste. 5 mark. 1907. Arg. — Ens. 4 p. TB. et FDC.

236 *Saxe-Meiningen.* 2 gulden, gulden, 5 mark. Arg. Bill. 1 p. Divers. Cuivre. 4 p. — Ens. 8 p. TB.

237 *Salzbourg.* Paris. Thaler 1621. Guidobald. Thaler. 1661. *Autriche* François I. Thaler. Arg. et 3 p. Cuivre. Ferdinand I. Arg. François-Joseph. Arg. 9 p. Bill. 5 p. Nickel. 3 p. Cuivre 14 p. — Ens. 38 p. B. et TB.

238 25me anniversaire du mariage. 1879, soixantenaire du règne. 1908. Arg. — Ens. 5 p. TB. et FDC.

239 *Hongrie*, etc. Marie-Thérèse. Thaler et divisions. Arg. 6 p. Billon, 4 p. — Cuivre. 11 p. — Ens. 21 p. B. et TB.

240 *Divers*. Arg. 3 p. Cuivre 1 p. François-Joseph. 5 korona et divisions. Arg. 4 p. Bill. 1 p. Nickel. 1 p. Cuivre 5 p. — Ens. 15 p. et B. TB.

241 5 korona du couronnement. 1867. Possessions autrichiennes. Arg. 5 p. Bill. 1 p. Cuivre 11 p. *Lichtenstein*. Jean II. 5 kronen et 1 krone. Arg. — Ens. 20 p. TB.

242 **Suisse**. 5 francs, 2 variétés et divisions. Arg. 7 p. Nickel. 17 p. Cuivre 14 p. — Ens. 38 p. TB.

243 *Genève*. 10 francs. 1848 par Bovy. Arg. FDC.

244 5 francs. 1848. Arg. TB.

245 Pièces divisionnaires. Bill. et Cuivre. 23 p. *Neufchâtel*. Bill. 10 p. *Valais*. Bill. 4 p. — Ens. 37 p. B. et TB.

246 *Grisons*. Bill. 5 p. *Argovie*. Bill. 7 p. *Zurich*. Bill. 2 p. *Fribourg* arg. 1 p. Bill 1 p. *Lucerne*. Arg. 2 p. Bill. 1 p. *Unterwald*. Bill. 2 p. *Vaud*. Bill. 5 p. — Ens. 26 p. AB et B .

247 *Appenzell*. Bill. 2 p. *Bâle*. Bill. 8 p. *Glaris*. Bill. 2 p. *St-Gall*. Bill. 3 p. *Schaffhouse*. Bill. 4 p. *Schwitz*. Bill. 3 p. *Soleure*. Bill. 2 p. *Uri*. Bill. *Zug*. Cuivre. 2 p. — Ens. 27 p. AB. et B.

248 Prix de tir. 5 francs. *Soleure*. 1855. FDC. *Unterwald*. 1861. Arg. TB. — Ens. 2 p.

249 — *La Chaux de Fonds*. 1863. *Schaffhouse*. 1865. *Schwitz*. 1867. Arg. — Ens. 3 p. TB.

250 — *Zoug*. 1869. *Zurich*. 1872. *Saint-Gall*. 1874. *Lausanne*. 1876. Arg. — Ens. 4 p. TB.

251 — *Bâle*. 1879. *Fribourg*. 1881. *Lugano*. 1883. Arg.—Ens. 3 p. TB. et FDC.

252 — *Berne*. 1885. 5 francs. *Francfort*. Thaler de tir. 1862. 2 p. *Insbrück*. Id. 1885. *Autriche*. Id. 1880. Arg. — Ens. 5 p. TB.

253 *Argovie*. 4 francs. 1812. *Berne*. Ecu. 1798.— Ens. 2 p. Arg. FDC.

254 *Lucerne*, 1889. *Neuchâtel*, 1892. *Winterthur*, 1895. Médailles de bronze. — Ens. 3 p. TB.

255 **Italie**. *Etats de l'Eglise*. Innocent XII. Scudo. 1693. Siège vacant. Scudo. 1700. Arg. 2 p. B.

256 Clément XI et successeurs. Arg. 9 p. Cuivre. 3 p. — Ens. 12 p. B. et TB.

257 Clément XII à Benoît XIV. Arg. 12 p. Cuivre. 17 p. — Ens. 29 p. AB. et B.

258 Siège vacant. Scudo et division. 1768. Clément XIII et XIV. Arg. 9 p. Cuivre. 3 p. Médailles 3 p. — Ens. 17 p. B. et TB.
259 Siège vacant. Demi scudo. 1774. Arg. Pie VI. Scudo et divisions. Arg. 4 p. Br. 2 p. — Ens. 7 p. AB. et B.
260 Pie VII. Scudo. Arg. et 1 p. Cuivre. Siège vacant. 1823. Scudo et 1/2 scudo. Arg. — Ens. 4 p. TB.
261 Léon XII. Scudo. 1825. Arg. 1/2 Baïocco, 1825. Cuivre. — Ens. 2 p. TB.
262 Siège vacant. Scudo. 1829. Arg. Pie VIII. Scudo et div. 1830. Arg. 2 p. Cuivre. 3 p. — Ens. 6 p. TB.
263 Siège vacant. Scudo et 30 baïocchi. 1830. Arg. — Ens. 2 p. TB.
264 Grégoire XVI. Scudi et divisions. Arg. 6 p. Cuivre. 4 p. — Ens. 10 p. B.
265 Siège vacant. Scudo. 1846. Arg. FDC.
266 Pie IX. Scudo et divisions. Arg. 6 p. Cuivre. 9 p. — Ens. 15 p. TB.
267 5 lire et divisions. Arg. 9 p. Cuivre. 11 p. — Ens. 20 p. TB.
268 *Etats sardes.* Charles Emmanuel III. Ecu. 1755. Victor Amédée III Demi-écu. 1773. Victor-Emmanuel I. 5 lire. 1820. Divers. Arg. 9 p. Bill. 3 p. Cuivre. 8 p. — Ens. 23 p. B. et TB.
269 *Royaume d'Italie.* Victor-Emmanuel II. Arg. 8 p. Humbert. Arg. 4 p. Nickel. 2 p. Victor-Emmanuel III. Nickel. 3. p. Cuivres divers. 25 p. — Ens. 42 p. B. et TB.
270 Victor-Emmanuel III. 2 lire et lira 1902. 2 lire et lira 1908. Arg. — Ens. 5 p. TB. et FDC.
271 Essais de 100 lire et de 20 lire. 1903. C. doré. Essai de 2 lire. C. argenté. Essai de 10 cent. Cuivre. — Ens. 4 p. FDC.
272 *Deux-Siciles.* Ecus et divisions. Arg. 10 p. Cuivre. 4 p. *Parme.* Cuivre. 3 p. — Ens. 17 p. B. et TB.
273 *Saint-Marin.* 5 lire et divisions. Arg. 4 p. Cuivre. 5 p. — Ens. 9 p. TB.
274 *Etrurie.* Charles-Louis et Marie-Louise. Grand écu de Florence. 1807. Arg. FDC.
275 *Toscane.* Ecu et divisions. Arg. 5 p. Cuivre. 5 p. *République romaine.* 40, 16 et 8 baïocchi. 1849, métal blanc. Cuivre 5 p. — Ens. 18 p. B. et TB.
276 *Lombardie.* 5 lire 1848. *Venise.* Ecu 1785. 5 lire 1848. Arg. Bill. 2 p. Cuivre 4 p. — Ens. 9 p. AB., B. et TB.
277 *Corse.* Paoli. 20 soldi 1766. 10, 4 et 2 soldi. Bill. — Ens. 17 p. B.
278 *Monaco.* Honoré V. 5 francs. 1837. Arg. Décime et 5 centimes. 8 p. Cuivre. — Ens. 9 p. B. et TB.

279 **Espagne**. Charles-Quint. 4 réaux. Arg. Philippe IV. 8 réaux, et 4 p. variées. Arg. Charles III d'Autriche. 3 p. Arg. — Ens. 9 p. AB. et B.

280 Philippe V. 8 réaux et divisions. Arg. 5 p. Cuivre 3 p. Louis I. Arg. 2 p. Barcelone. Cuivre. 2 p. — Ens. 12 p. B. et TB.

281 Philippe V. 8 réaux et 2 p. Arg. Ferdinand VI. 8 réaux et divisions. Arg. 5 p. — Ens. 8 p. B. et TB.

282 Ecu d'or. 1757. B.

283 Charles III. 8 réaux et divisions. Arg. 9 p. Cuivre 6 p. — Ens. 15 p. B. et TB.

284 Charles IV. 8 réaux et divisions. Arg. 6 p. Cuivre 6 p. — Ens. 12 p. TB.

285 Joseph-Napoléon. 20 réaux. 1813. Arg. TB.

286 Ferdinand VII. 30 sous de Majorque. 8 réaux 1812 et 1813. Divisions. 4 p. Arg. 16 p. Cuivre. — Ens. 23 p. B. et TB.

287 Peso de proclamation. Potosi 1808. Montagne entre 2 colonnes. Arg. FDC.

288 Cuivres variés. 8 p. Catalogne. 14 p. Cuivre. Barcelone. 17 p. Cuivre. Navarre, etc. 17 p. Cuivre. — Ens. 56 p. B. et TB.

289 Isabelle II. 20 réaux et divisions. Arg. 7 p. Cuivre 18 p. — Ens. 25 p. B. et TB.

290 Essai du 2 réales, arg., 1855. Divisions. Arg. 4 p. Cuivre. 20 p. — Ens. 25 p. B. et TB.

291 République. 5 pesetas et divisions. Arg. 10 p. Cuivre. 15 p. — Ens. 25 p. B. et TB.

292 Amédée. 5 pesetas. 1871. Siège de Carthagène, 5 pesetas. 1873. Arg. — Ens. 2 p. TB.

293 Même type. 2 p. 2 pesetas. 10 réaux. Arg. — Ens. 4 p. TB.

294 Alphonse XII. 5 pesetas et divisions. Arg. 6 p. Cuivre. 8 p. Alphonse XIII. 5 pesetas et divisions. Arg. 5 p. — Ens. 19 p. TB.

295 Autres types. Arg. 12 p. TB.

296 Don Carlos. Essai de 5 pesetas. Arg. Cuivre. 3 p. Peseta 1900. Arg. *Andorre*. 10 cent. Cuivre. — Ens. 6 p. TB.

297 **Portugal**. Jean V. Joseph. Pierre II. Marie. Arg. 5 p. Cuivre. 10 p. — Ens. 15 p. B. et TB.

298 Jean VI. 960 reis. 1820. Arg. FDC. Cuivres variés. 25 p. Métal de cloche pour Terceira. 80 reis. — Ens. 27 p. B. et TB.

299 Pedro V. 500 reis. Louis I. 500 reis et divisions. Arg. 6 p. Cuivre 17 p. — Ens. 24 p. B. et TB.

300 4000 réis de 1900 pour le IVe Centenaire de la découverte du Brésil. Statue de Cabral. ℞. Les 2 écus. Arg. FDC.

301 Carlos I et Amélie. 1000 reis. 1898. Carlos I. 1000 reis. 1899. Arg. FDC. Cuivre. 4 p. TB. — Ens. 6 p.

302 Divisions. Arg. 3 p. Nickel. 3 p. Cuivre 11 p. — Ens. 17 p. TB.

303 *Guinée portugaise*. Joseph I. 12 macutas et divisions. Arg. 6 p. Cuivre 2 p. — Ens. 8 p. B.

304 *Moçambique*. Once de 6 cruzades. 1845. Lingot rectangulaire. Arg. TB.

305 Thalers de Marie-Thérèse contremarqués. 1780. 2 p. Roupie de 1884, contremarquée. Arg. — Ens. 3 p. B. et TB.

306 **Russie**. Pierre I. Roubles. Arg. 2 p. B. et TB.

307 Catherine I. Rouble. Arg. et 1 p. Cuivre. Pierre II. Roubles. Arg. 2 p. — Ens. 4 p. B. et TB.

308 Anne. Roubles. 1733 et 1735. Arg. 2 p. TB.

309 Elisabeth. Rouble. 1754. Arg. Livonie. 1757. Arg. Cuivre. 5 p. — Ens. 7 p. B. et TB.

310 Pierre III. Roubles. 1762. Arg. 2 p. B. et TB.

311 Catherine II. Rouble. 1762. 20 kopecks. 1766. Cuivres variés. 9 p. — Ens. 11 p. B. et TB.

312 Paul I. Rouble. 1798. Arg. Cuivre. 5 p. — Ens. 6 p. B. et TB.

313 Alexandre I. Arg. 3 p. Cuivre. 4 p. Nicolas I. Arg. 8 p. Cuivre. 8 p. — Ens. 23 p. AB. B. et TB.

314 Alexandre II. Arg. 3 p. Cuivre. 12 p. — Ens. 15 p. B. et TB.

315 Alexandre III. Arg. 3 p. Cuivre. 3 p. — Ens. 6 p. TB. et FDC.

316. Nicolas II. Arg. 8 p. Cuivre. 10 p. — Ens. 18 p. TB. et FDC.

317 **Pologne**. Stanislas-Auguste. Demi-écu. 1782. Arg. FDC. Cuivre. 3 p. *Georgie*. Arg. 2 p. — Ens. 6 p. B. et TB.

318 Nicolas. 2 et 5 zlote. Arg. B.

319 Insurrection polonaise. 5 zlote. Arg. et 2 zlote. Arg. doré. Bill. 2 p. Cuivre. 1 p. — Ens. 5 p. AB. B. et TB.

320 *Finlande*. Arg. 6 p. Cuivre. 16 p. — Ens. 22 p. TB.

321 **Grèce**. Capodistria. 3 p. Cuivre. Othon. 5 drachmes et drachme. Arg. Georges I. Arg. 5 p. Nickel. 6 p. Cuivre. 15 p. — Ens. 31 p. B. et TB.

322 *Crète*. Georges. 5 drachmes et divisions. Arg. 4 p. Nickel. 1 p. — Ens. 5 p. TB. et FDC.

323 **Bulgarie**. 5 leva et divisions. Arg. 4 p. Nickel. 4 p. Cuivre 4 p. **Monténegro**. Nickel. 2 p. FDC. — Ens. 14 p. TB.

324 **Serbie**. Milan. Arg. 3 p. Nickel. 4 p. Cuivre. 3 p. Alexandre. Arg. 2 p. — Ens. 12 p. B. et TB.

325 Pierre I. 5 dinars aux 2 têtes. 1904. 2 dinars et divisions. Arg. 3 p. Nickel. 2 p. Cuivre 2 p. — Ens. 8 p. TB. et FDC.

326 **Roumanie**. Carol, prince. 5 lei et divisions. Arg. 6 p. Cuivre. 8 p. — Ens. 14 p. B. et TB.

327 Carol, roi. 5 lei et leu à 2 têtes. 1906. 2 lei et divisions. Arg. 3 p. Nickel. 8 p. Cuivre. 3 p. — Ens. 16 p. TB. et FDC.

328 **Turquie**. XVIIIe siècle. Bas argent. 6 p. Bill. 4 p. Cuivre. 1 p. — Ens. 11 p. AB. et B.

329 XIXe siècle. Arg. Bill. et Cuivre. — Ens. 33 p. B. et TB.

330 **Perse**. Larins. 2 p. Arg. Monnaies carrées. 4 p. Arg. Divers. Arg. 10 p. Nickel. 2 p. Cuivre. 3 p. — Ens. 21 p. B. et TB.

331 **Égypte**. Arg. 8 p. Nickel 3 p. Cuivre. 4 p. — Ens. 14 p. B. et TB.

332 **Erythrée**. Humbert. 2 lire, lira, 50 cent. Arg. *Ouest Africain allemand*, 2 roupies et divisions. Arg. 5 p. Cuivre. 1 p. — Ens. 9 p. TB. et FDC.

333 **Éthiopie**. Talaro de Marie-Thérèse. 1780. Ménélik. Talari et divisions. Arg. 7 p. Cuivre 2 p. — Ens. 10 p. TB. et FDC.

334 **Amérique espagnole**. Collection de cuartillas. — Ens. 96 p. Arg. B. et TB.

335 **Argentine**. 8 réaux, 1813 et 1852. Peso. 1882 et divisions. Arg. 9 p. Cuivre. 16 p. — Ens. 27 p. B. et TB.

336 **Bolivie**. Peso de Bolivar. 1852. FDC. Boliviano et divisions. Arg. 4 p. Cuivre. 2 p. — Ens. 7 p. TB.

337 **Brésil**. *Rois*. 2 p. Arg. et 6 p. Cuivre. *Empire*. Pédro II. 1200 réis, 1847 et 80 réis. Arg. et 4 p. Cuivre. — Ens. 14 p. — B. et TB.

338 Armes. 2000 réis, 1856 et divisions. Arg. 4 p. Nickel. 2 p. — Ens. 6 p. TB.

339 Tête à g. 2000 réis. 1888 et divisions. Arg. 4 p. Nickel. 1 p. Cuivre. 8 p. — Ens. 13 p. TB. et FDC.

340 République. Arg. 7 p. Nickel. 5 p. Cuivre. 3 p. — Ens. 15 p. TB.

341 **Chili**. Pesos et divisions. Arg. 10 p. Nickel. 4 p. Cuivre. 2 p. — Ens. 16 p. TB.

342 **Colombie**. Peso et divisions. Arg. 7 p. Nickel. 5 p. Cuivre. 2 p. — Ens. 14 p. B. et TB.

343 **Costa Rica**. Pesos et divisions. Arg. 7 p. **Cuba**. Proclamation d'Isabelle II. Arg. — Ens. 8 p. B. et TB.

344 **Saint-Domingue**. Cuivres et sous contremarqués. 5 p. B.

345 **République Dominicaine**. 5 francs et 50 cent. Arg. Nickel 3 p. Cuivre. 2 p. — Ens. 7 p. B. et TB.

346 **Equateur**. Peso et divisions. Arg. 4 p. Nickel. 1 p. — Ens. 5 p. TB.

347 **Etats-Unis**. Demi-dollar, 1794 et 1806. Divisions. Arg. 5 p. Cent de Washington, 1783. Nickel. 2 p. Cuivre. 9 p. — Ens. 19 p.

348 Demi dollar, 1903 et divisions. Arg. 4 p. Nickel. 5 p. Cuivre. 2 p. Dollar-Lafayette, 1900. Quart. de dollar de Colomb. 1893. Arg. — Ens. 14 p. TB.

349 **Guatémala**. Pesos et divisions. Arg. 11 p. TB.

350 **Haïti**. République française. Deux escalin. Arg. B.

351 Gourde et divisions. Arg. 4 p. Cuivre. 15 p. Nickel. 1 p. — Ens. 20 p. TB.

352 **Honduras**. Peso et demi-peso. Arg. Essais en nickel du Réal et divisions. 4 p. — Ens. 6 p. TB.

353 **Mexique**. Maximilien. Peso et demi-peso. République. Peso et divisions. Arg. 9 p. Nickel, 4 p. Cuivre, 14 p. — Ens. 29 p. TB.

354 **Nicaragua**. Arg. 4 p. **Panama**. Peso et divisions. Arg. 4 p. **Paraguay**. Peso. Arg. Cuivre, 3 p. — Ens. 12 p. TB.

355 **Pérou**. Sols et divisions. Arg 15 p. Nickel, 5 p. Cuivre, 6 p. — Ens. 26 p. TB.

356 **Salvador**. Pesos et divisions. Arg. 5 p. Nickel, 1 p. — Ens. 6 p. TB.

357 **Uruguay**. Pesos et divisions. Arg. 7 p. Nickel, 3 p. Cuivre, 6 p. — Ens. 16 p. B. et TB.

358 **Venézuela**. Pesos et divisions. Arg. 7 p. Cuivre. 7 p. *Araucanie*. 2 cent. 1874. Cuivre. — Ens. 15 p. B. et TB.

359 **Océanie**. Dollar. Arg. *Indes Hollandaises*. 2 p. Arg. et 8 p. Cuivre. *Bornéo*, etc., 5 p. Cuivre. — Ens. 16 p. B. et TB.

360 *Porto-Rico* et *Philippines*. Pesos et divisions. Arg. 7 p. Nickel, 1 p. Cuivre, 2 p. — Ens. 10 p. TB.

361 *Australie*. Arg. 1 p. Cuivre. 6 p. — Ens. 7 p. B. et TB.

362 *Hawaï*. Dollar et divisions. Arg. 3 p. Cuivre, 1 p. *N[lle] Guinée allemande*. 5 mark et divisions. Arg. 4 p. — Ens. 8 p. TB.

363 **Chine**. Pièces primitives de formes variées, monnaies des pagodes, etc. Très curieuse série de 40 p. TB.

364 Monnaies primitives en forme de couteaux, 176 et 163 %; de rasoir, 105 %; de bidents, 100, 67, 55, 54 et 48 %. Grandes pièces rondes, 115 et 96 %. Bronze. Lingot argent, 111 %. Pièces rondes de divers modules. Cuivre. — Ens. 19 p. TB. Seront vendues sur cartons.

365 Pièce de 5 taëls en forme de cuvette. 3 poinçons dans le fond. Arg. TB.

366 Autre en forme d'édicule ou perron d'escalier, couvert d'inscriptions. Arg. TB. Très curieux.

367 2 Taëls, taël (2 p.), demi-taël en forme de baignoire. Arg. — Ens. 4 p. TB.

368 Lingots et pièce en forme de bateau. Arg. 3 p. Monnaies modernes diverses. Arg. 9 p. Bill. et Nickel, 8 p. Cuivre, 2 p. — Ens. 22 p. B. et TB.

369 **Japon.** Yens et divisions. Arg. 15 p. Nickel, 4 p. Cuivre, 15 p. Plaque. Arg. Pièces primitives. Cuivre, 13 p. Monnaie d'échange des Moï. Fer. — Ens. 49 p. B. et TB.

JETONS

370 **Agents de change.** *Courtiers de banque et change.* Tête de Louis XIV. ℟. INTEMERATA MANVS. Femme comptant de l'argent. Arg. TB.

371 CVM FOENORE SOLVIT. Soleil et paysage. ℟. Le précédent daté 1663. Arg. TB.

372 La même pièce. Arg. B.

373 Tête de Louis XIV. ℟. VTRAMQVE TVETVR. IN. VNA. L'Abondance et la Renommée. Repatiné. Arg. TB.

374 La même pièce. Cuivre. TB.

375 La même pièce. Cuivre. B.

376 *Agens de chan. banq. comm. et fin.* Tête de Louis XIV à dr. ℟. ET SERVAT ET AVGET. La Prudence debout à dr. devant un coffre-fort. Refrappes. Arg. 2 p. TB.

377 *Agens de change et banque à Paris.* Tête de Louis XIV à dr., signée T.M.F. ℟. Le précédent varié, 1703. Refrappes. Arg. 2 p. TB.

378 *Conseillers du roy Agens de change.* Même tête et signature. ℟. Le précédent, 1711. Repatiné. Arg. TB.

379 Autre. Arg. AB.

380 Autre. Cuivre. TB.

381 La même pièce. Refrappe. Arg. TB.

382 VTRAMQVE TVETVR IN VNA. L'Abondance et la Renommée. ℟. Le précédent. 1711. Refrappes. Arg. et Cuivre. 2 p. TB.

383 Buste lauré de Louis XV à dr., signé CR. ℟. Le précédent, daté 1718. Repatiné. Arg. TB.

384 Même pièce sans la signature. Arg. TB.

385 Buste nu-tête, signé CR. ℞. Le précédent. 1818. Arg. TB.
386 Même pièce repatinée. Arg. TB.
387 *Agens de change*. Tête laurée signée B. DUVIV. F. ℞. ET SERVAT ET AUGET. La Prudence debout à g. ouvrant un coffre-fort. 1758. Refrappes. Arg. 2 p. TB.
388 *Conseillers du roi agens de change*. Tête de Louis XVI à dr. signée DU VIV. ℞. AD REI PUBLICÆ UTILITATEM. La Prudence à g. vidant une corne d'abondance. 1777. repatiné. Arg. TB.
389 Buste à g. signé DU VIV. ℞. Le précédent. Refrappes. Arg. 2 p. TB.
390 LUDOVICUS, etc. Buste habillé à dr., signé DU VIV. ℞. ET SERVAT ET AUGET. La Prudence assise. 1786. Octog. Repatiné. Arg. TB.
391 Variété d'un autre coin avec LUDOV. Octog. Repatiné. Arg. TB.
392 La même pièce. Octog. Repatiné. Arg. TB.
393 Buste à dr., la poitrine nue, signé N. GATT. ℞. Le précédent. 1786. Octog. Refrappes. Arg. 2 p. TB.
394 BONAPARTE. PREMIER. CONSUL. Buste à g. AN. 9. ℞. AGENS DE CHANGE DE PARIS. Vue de la Seine et du Louvre. Octog. Repatiné. Arg. TB.
395 La même pièce. Octog. Repatinée. Arg. TB.
396 La même pièce. Octog. Refrappe. Arg. TB.
397 La même pièce. Octog. Br. TB.
398 La même pièce. Octog. Br. TB.
399 NAPOLÉON EMP. ET ROI. Tête laurée à g. 1813. Signée. N. TIOLIER. ℞. Même lég. Vue de la Bourse. Octog. Repatiné. Arg. TB.
400 Même pièce. Refrappes. Octog. Arg. 2 p. TB.
401 LOUIS XVIII ROI DE FRANCE. Buste à g. signé N. TIOLIER. ℞. Le précédent. Octog. Repatiné. Arg. TB.
402 La même pièce. Octog. Repatinées. Arg. 2 p. TB.
403 Tête à g. 1820, signée N. TIOLIER. ℞. Le précédent. Octogone. Repatinées. Arg. 2 p. TB.
404 La même pièce, datée 1821. Octog. Arg. TB.
405 Buste à g. Coin différent. 1821. Refrappe. Octog. Arg. TB.
406 La même pièce et la précédente. Refrappes. Octog. Arg. 2 p. TB.
407 Tête à g. 1824. Signée N. TIOLIER. ℞. Le précédent. Octog. Repatinées. Arg. 2 p. TB.
408 CHARLES X ROI DE FRANCE. Tête à dr. Signée N. TIOLIER. 1824. ℞. Le précédent. Octog. Repatinées. Arg. 2p. TB.
409 Même tête sans signature. 1825. Refrappe. Octog. Arg. TB.
410 La même pièce. Octog. Arg. 2 p. TB.
411 Même tête, 1825, signée N. TIOLIER. ℞. Le précédent. Octog. Repatinées. Arg. 2 p. TB,

412 LOUIS PHILIPPE I ROI DES FRANÇAIS. Tête à g., couronnée de chêne, signée BARRE. ℟. AGENS DE CHANGE DE PARIS. M. DCCC. XXXII. La Prudence assise à g. devant le palais de la Bourse. Octog. Repatiné. Arg. 2 p. TB.

413 Variété. Tête nue à g. Octog. Repatiné. Arg. TB.

414 La même pièce. Octog. Repatinées. Arg. 2 p. TB.

415 NAPOLÉON III EMPEREUR. Tête nue à g. Signée CAQUÉ F. ℟. AGENS DE CHANGE DE PARIS M. DCCC. LIII. Mercure assis à dr. devant le la Bourse, signé CAQUÉ F. Serpent et miroir en relief. Octog. Arg. TB.

416 La même pièce. Octog. Arg. 2 p. TB.

417 Variété .Serpent et miroir en creux. Octog. Arg. 2 p. TB.

418 ET SERVAT ET AVGET. La Prudence debout de face ; au bas, 1875. ℟. C^IE DES AGENTS DE CHANGE PRÈS LA BOURSE DE PARIS. Dans le champ, 1572-1816-1862. Arg. doré. TB.

419 La même pièce. Arg. TB.

420 La même pièce. Arg. 2 p. TB.

421 AGENTS DE CHANGE DE PARIS. La Prudence assise et un Amour, signé O. Roty. ℟. ET SERVAT ET AVGET. 1592-1898. Emblèmes au dessus d'une vue de Paris. Arg. TB.

422 La même pièce. Arg. TB.

423 La même pièce. Arg. et arg. doré. 2 p. TB.

424 *Agents de change de Lyon.* 1773. Armoiries. ℟. QVI DICTA FERANT ET FÆDERA FIRMENT. Caducée et plume sur des livres. Repatiné. Arg. TB.

425 Armes de Lyon cernées de lauriers. ℟. Lég. sur une banderolle. Caducée sur le livre des transferts. MDCCCI. Arg. TB.

426 Buste de Bonaparte à dr. ℟. Même lég. 1803. Miroir, caducée et plume sur des livres. Refrappe. Arg. TB.

427 Armes de Lyon. ℟. Même lég. 1816. Caducée. plume et livres. Refrappe. Arg. TB.

428 La même pièce. Arg. TB.

429 *Cie des agens de change de Bordeaux.* 1835. Armes. ℟. CRÉDIT PUBLIC COMMER^AL ET INDUST^LE. Monument. Octog. Arg. TB.

430 **Banques.** *Chambre syndicale des banquiers de Paris.* Armes. *Banque de France.* An VIII. La Sagesse et la Fortune. Octog. 2 p. Arg. — Ens. 3 p. TB.

431 *Banque de l'Algérie.* La Prévoyance et un Arabe. *Banque de la Guadeloupe.* 1826. Tête de Charles X. — Ens. 2 p. Octog. TB.

432 *Banque de Paris et des Pays-Bas.* Deux écus. *Banque Franco-Egyptienne.* Monogramme. *Banque internationale de Paris.* Monogramme. *Banque Centrale, rive gauche.* 1875. Tête de Mercure. Arg. — Ens. 4 p. Octog. TB.

433 *Banque d'Escompte de Paris*. 1878. Armes. *Union des banquiers des départements*. Mercure assis. *Banque de Bordeaux*. 1849. La Bourse. Octog. *Banque du Commerce du Havre*. Armes. Arg. — Ens. 4 p. TB.

434 *Banque de Lille*. Tête de Louis-Philippe. *Banque de Lyon*. 1835. Armes. *Banque de Marseille*. 1836. La Prévoyance. Octog. *Banque de Rouen*. 1817. Minerve et le Commerce. Arg. — Ens. 4 p. TB.

435 *Caisse d'Union Commerciale*. Cusin et Legendre. 1846. *Caisse Générale*. 1837. Tête de Jacques Laffitte. *Caisse hypothécaire*. 1820. Tête de Louis XVIII. Arg. — Ens. 3 p. Octog. Arg. TB.

436 *Caisse d'Escompte de Paris*. 2 cornes d'abondance. Octog. Arg. *Caisse d'Escompte d'Orléans*. 1856. 4 écus Cuivre. *Caisse d'Escompte de Troyes*. 1854. Tête de Mercure. *Caisse Commerciale de Vitry-le-François*. 1851. Armes. Octog. Arg. — Ens. 4 p. TB.

437 *Caisse Centrale du Commerce et des Chemins de fer*. Mercure assis à dr. Octog. Arg. TB.

438 *Comptoir Commercial*. Pacte des Négociants, an X. *Comptoir d'Escompte d'Orléans*. 1854. Ruche. Arg. *Comptoir de Charleville*. 1848. Cuivre. *Comptoir National de Caen*. 1848. Ancre. Arg. — Ens. 4 p. Octog. TB.

439 *Comptoir National d'Escompte*. 1848. Femme de face, tenant un caducée et un drapeau. Octog. Arg. et Cuivre. Deux femmes debout. 1850. Arg. — Ens. 3 p. TB.

440 Femme assise de face. ℟. Vue de la grande salle réédifiée de 1876 à 1882. Grande pièce. Arg. TB.

441 *Comptoir Commercial*. 1842. Vaisseau. Cuivre. Caducée 1856. Octog. *Comptoir d'Escompte de Lyon*. 1856. Arg. — Ens. 3 p. TB.

442 *Banque Commerciale du Havre*. Armes. *Crédit Foncier*. 1852. Emblèmes agricoles. *Crédit Agricole*. 1861. Même type. *Comptoir maritime*. 1857. Vaisseau au port. Octog. Arg. — Ens. 4 p. TB.

443 *Société Générale*. Caducée. *Société de Dépôts et de Comptes Courants*. 1863. Monument. Octog. *Crédit Industriel*. 1859. L'Industrie debout. Octog. Arg. — Ens. 3 p. TB.

444 *S^té de Dépôts et Comptes Courants*. 1863. Légendes dans le champ. *Société du Griffon* (Lyon). Griffon assis. *L'Unité*. 1841. Allégorie. Octog. Arg. — Ens. 3 p. TB.

445 **Notaires**. *Notaires de France*. Groupe allégorique par Borrel. 1874. Octog. *Comité des départements*. 1840. Tête du Premier Consul à dr. Arg. — Ens. 2 p. TB.
446 *Arras*. QVODCVMQVE NOTAMVS LEX. Livre, encrier et lampe au-dessus d'une Foi. Arg. TB.
447 *Beaune*. Armes de la ville entre un laurier et une palme. Octog. Arg. TB.
448 Tables de la Loi. ℞. Emblèmes. 1832. *Bernay*. La Loi assise. Arg. — Ens. 2 p. Octog. TB.
449 *Bordeaux*. 1814. Buste de Louis XVIII à g. ℞. La Loi assise. Octog. Arg. TB.
450 Tête nue de Louis-Philippe à g. ℞. Le même. Octog. Arg. TB.
451 *Bourg*. Armes. ℞. Emblèmes. Octog. Arg. TB.
452 *Chartres*. 1836. La Loi assise à dr. Octog. *Chatellerault*. Code ouvert. Arg. — Ens. 2 p. TB.
453 *Clermont* (Oise). 1824. Tables de la Loi. *Corbeil*. Tables et balances. Octog. Arg. — Ens. 2 p. TB.
454 *Clermont-Ferrand*. Tête laurée de Napoléon I à dr. ℞. Main écrivant sur une table avec emblèmes. Octog. Repatiné. Arg. TB.
455 *Douai*. Armes. ℞. La Justice debout. *Doullens*. 1833. Emblèmes. Octog. Arg. — Ens. 2 p. TB.
456 *Evreux*. La Justice à g. *Fontainebleau*. Armes de la Monarchie de Juillet. Octog. Arg. — Ens. 2 p. TB.
457 *Langres*. LEGES ET MORES. Code au-dessus de 2 branches. Arg. TB.
458 *Laon*. 1831. Tête nue de Louis-Philippe à dr. ℞. Emblèmes. Arg. TB.
459 *La Rochelle*. 1835. Tables de la Loi. *Loches*. Codes. Octog. Arg. — Ens. 2 p. TB.
460 *Lyon*. Armes. ℞. Gnomon. 1715. Armes de l'Empire. 1805. Armes royales. 1812. Tables de la Loi. 1883. Octog. Arg. — Ens. 4 p. TB.
461 *Mayenne*. Tables de la Loi sur une Foi. *Montdidier*. Mains jointes. Octog. Arg. — Ens. 2 p. TB.
462 *Paris*. Tête de Napoléon III à g. ℞. Gnomon. République assise de face. ℞. Le même. Octog. Arg. — Ens. 2 p. TB.
463 *Péronne*. Tables de la Loi. 1858. Octog. *Rambouillet*. La Justice assise de face. Arg. — Ens. 2 p. TB.
464 *Reims*. La Justice assise à g. *Rochefort*. Code. Arg. — Ens. 2 p. TB.
465 *Romorantin*. Balance et Tables. Octog. Arg. TB.
466 *Rouen*. Napoléon III. Octog. Repatiné. Arg. B.

467 *St Amand.* Balances et Tables. Octog *St Etienne.* Armes. 1886. Arg. — Ens. 2 p. TB.

468 *Tours.* Balance. ℟. Code. Autre. Armes royales. Arg. — Ens. 2 p. TB.

469 *Trévoux.* 1832. Plumes sur un code. ℟. Serpent. *Vienne.* 1837. Pyramide. ℟. Code. Octog. Arg. — Ens. 2 p. TB.

470 *Versailles.* Louis-Philippe de face. Octog. Arg. TB.

471 *Vitry-le-François.* Buste de François I, à dr. Octog. Arg. TB.

472 *Villefranche.* Armes. ℟. La Loi assise à g. Octog. *Jetons des Notaires* par Coudray. Femme debout. Arg. — Ens. 2 p. TB.

473 **Commissaires-priseurs.** Tête de Napoléon I à dr. ℟. La Justice à g. Octog. Arg. TB.

474 Tête de Louis XVIII à g. ℟. Le même. Autre. Tête de République. Octog. Femme assise àg. . Arg. — Ens. 3 p. TB.

475 **Avoués, avocats, etc.** *Avoués de 1re instance. Paris.* 1802. La Loi assise à g. 1826. Tête de Charles X à g. 1830. Tête de Louis-Philippe à dr. Octog. Arg. — Ens. 3 p. TB.

476 1849. La Loi assise à g. Octog. 1906. Femme écrivant à dr. par Roty. *Avoués près la Cour d'Appel.* Tables supportées par 2 aigles. Octog. Arg. — Ens. 3 p. TB.

477 *Avoués de 1re instance. Lyon.* 1851. La Justice assise à g. *Avoués de Mantes.* Tables de la Loi. *Avoués de Tours.* Légendes. Octog. Arg. — Ens. 3 p. TB.

478 *Huissiers de la Seine.* Code. *Id. de Meaux.* Tête de Louis XVIII à dr. 1824. *Id. Pontoise.* Emblèmes. 1822. Octog. *Id. Reims.* Légendes. *Id. Versailles.* Emblèmes. 1825. Octog. Arg. — Ens. 5 p. TB.

479 *Prud'hommes d'Amiens.* Armes. *Bordeaux.* La Justice assise à dr. *Lyon.* Armes. 1818 et Octog. 1843. *Rouen.* Tête de Louis XVIII à dr. Octog. Br. — Ens. 5 p. TB.

480 *Tribunal de Commerce. Lyon.* 1816. Lion à dr. Octog. La Loi assise. 1847. *Nantes.* Vaisseau. Arg. — Ens. 3 p. TB.

481 *Agréés du Tribunal de Commerce. Paris.* Buste de Louis XVIII à g. Tête de Charles X à g. Octog. — Ens. 2 p. TB.

482 *Référendaires au sceau de France.* La Loi assise à g. Autre. Tête de Louis-Philippe. *Avocats à la Cour de Cassation.* Tête de Louis XVIII. Arg. — Ens. 3 p. Octog. TB.

483 *Barreau de Paris.* Mr Allou. 1887. La Loi debout. Arg. *Assistance judiciaire.* Seine-Inférieure. *Conférences.* 1823. Octog. Etain. — Ens. 3 p. TB.

484 *Jury*. Tête de Louis-Philippe. 1816. Octog. Arg. *Commissaires-experts*. 1831. Octog. Etain. *Comité des expertises*, par Patey. *La Justice*. 1826. Arg. — Ens. 4 p. TB.

485 La Justice assise de face. ℟. s. c. Ecu à la cigogne sur deux lions. Arg. TB.

486 *Juges de Paix de Paris*. Balance et Table de la Loi. Octog. Arg. TB.

487 **Journaux**. *La Presse*. 1836. Arg. *Le Siècle*. Octog. Cuivre. *Le Vélo*. *Imprimerie Nationale*. 1848. *Imprimerie P. Dupont*. Octog. Arg. — Ens. 5 p. TB.

488 **Commerce et Industrie**. *Syndicat général de la Bourse de Commerce*. 1889. Mercure assis. Plaquette par Tasset. Arg. TB.

489 *Courtiers de Commerce et d'Assurances*. Tête de Louis-Philippe à dr. ℟. Mercure assis devant la Bourse. Octog. Br. doré. Mêmes types, rond. Arg. et Br. — Ens. 3 p. TB.

490 *Courtiers de Commerce*. Tête de Louis XVIII à g. ℟. Vaisseau. *Courtiers en marchandises*. Tête nue de Napoléon III à dr. *Bordeaux*. Armes. Arg. — Ens. 3 p. Octog. TB.

491 *Cercle commercial du Louvre*. 1865. Mercure assis. *Commission des Huiles*. 1871. Femme assise. *Revue universelle*. La Science assise. Arg. — Ens. 3 p. TB.

492 *Courtiers assermentés au Tribunal de Commerce*. Femme assise devant la Bourse du Commerce. Octog. Arg. TB.

493 *Chambres de Commerce*. *Bayonne*. Tête de Charles X. Variété. Armes. ℟. Vaisseau. Octog. *Bordeaux*. 1906. Vue des quais. Arg. — Ens. 3 p. TB.

494 — *Caen*. Mercure et l'Agriculture. Octog. Arg. TB.

495 — *Carcassonne*. Mercure assis à g. *Dieppe*. Même type. Octog. *Elbeuf*. Ruche. Arg. — Ens. 3 p. TB.

496 — *Le Havre*. Armes. 2 p. Autre. Tête de Charles X. Octog. Arg. — Ens. 3 p. TB.

497 — *La Réunion*. 1862. Mercure assis à g. Octog. Arg. TB.

498 — *La Rochelle*. Vue du port. Arg. — Ens. 2 p. variées. TB.

499 — *Lille*. Louis XVIII. Napoléon III. République. Arg. — Ens. 3 p. TB.

500 — *Lyon*. Armes. Octog. Autre. Le Rhône et la Saône. 1880. Arg. — Ens. 2 p. TB.

501 — *Marseille*. Tête de Louis XVI. Repatiné. *Montpellier*. Monument. ℟. Caducée. Arg. — Ens. 2 p. Octog. TB.

502 — *Nantes*. Vue de la Chambre de Commerce. *Paris*. Tête laurée de Napoléon I. 1803. Autre. Armes sur 2 cornes d'abondance. Octog. Arg. — Ens. 3 p. TB.

503 — Tête de Mercure à dr. ℞. Armes de Paris. 1874. *Rouen*. Mercure planant sur la ville. Octog. *Valenciennes*. 1836. Mercure assis à g. Octog. Arg. — Ens. 3 p. TB.

504 *Manufacture de S*[t] *Gobain*. Femme entre 2 amours. *Commerce de métaux de Paris*. 1862. Octog. *Quincaillerie et métaux*. Le Commerce et l'Industrie. *Commerce de l'épicerie*. Armes. Arg. Ens. 4 p. TB. et 2 plaques cuivre percées TF.

505 *Entrepôt g*[al] *de boissons*. Armes. 1856. Octog. *Vins et spiritueux*. Seine-et Oise. *Brasserie*. 1819. Octog. *Industrie laitière*. Vache. Arg. — Ens. 4 p. TB.

506 *Marché des Ternes*. Edifice. Octog. *Céréales*. 1873. Faucheuse en action. *Tissus*. Artisane. 1848. Octog. *Cours officiel des soies*. 1866. Femme allégorique. *Gaz hydrogène*. Lampadaire. *Gaz Toulon, Nimes, Marseille*. 1840. 3 écussons. Octog. Arg. — Ens. 6 p. TB.

507 *Cinquantenaire de l'Association g*[le] *des tissus*. 1898. Plaquette rectangulaire par Rivet. Br. argenté. TB.

508 *Charbons de bois Paris*. 1820. Charbonnière en exploitation. Arg. *Charbon de terre*. 1813. Mineurs. Br. *Bois neuf*. An 12. L'ile Louviers. *Bois flotté*. Buste de Bouvet à g. Arg. — Ens. 4 p. Octog. TB.

509 *Bois flotté. H*[te]*-Yonne*. Buste de Louis XVIII. *Bois à œuvrer*. 1840. Ancre. *Bois à brûler*. Buste de Bouvet. *Les 3 commerces de bois* 1843. Chantier. Arg. — Ens. 4 p. Octog. TB.

510 *Boucherie de Paris*. 1810. Tête de Napoléon à dr. ℞. Taureau à g. Tête de Louis XVIII à dr. Autre. Tête de Charles X à g. ℞. Taureau à dr. Tête de Louis-Philippe à g. Arg. — Ens. 4 p. Octog. TB.

511 *S*[té] *de Navigation*. 3 écussons. ℞. Ancre. Br. *Syndicat de la marine*. 1855. Armes. *Conseillers de Bordeaux*. Mercure assis à g. ℞. Boussole sur une nef. Octog. *Bassins de radoub. Marseille*. Armes. ℞. Navire. Arg. — Ens. 4 p. TB.

512 *Produits chimiques*. Le Commerce et l'Industrie. Autre. Stèle de Lavoisier. *C*[ie] *de dessèchement*. Bœufs au labour. Octog. Arg. *Magasinage public*. Tête de Louis-Philippe. Octog. Cuivre. — Ens. 4 p. TB.

513 *Affichage et annonces*. Renommée. *Facteurs à la halle aux farines*. 1823. La Halle au blé. *Farines supérieures*. 1868. Gerbe. Farines-fleur. 1863. Gerbe. Arg.— Ens. 4 p. Octog. TB.

514 *Commerce des farines*. 1860. Cérès debout. *S[té] du jardin et des eaux de Sceaux*. 1843. Porte d'entrée. *Gaz de la Guillotière et Vaise*. 1846. Armes. ℟. Usine. Arg. — Ens. 3 p. Octog. TB.

515 *Cie de navigation mixte*. Quatre écus. ℟. Pilote. Arg. *S[té] contre le braconnage*. Tête du cerf de St Hubert. Octog. Arg. — Ens. 2 p. TB.

516 *Chemins de fer. Paris-Lyon-Méditerranée*. L'Amour réunissant les 3 villes. ℟. La Gare de Paris. Plaquette rectangulaire par Roty. 45/60 m/m. Arg. doré. TB.

517 *Inauguration du Nord*. 1846. *Verviers à Aix-la-Chapelle*. 1848. Br. — *Paris à Orléans*. 1858. Octog. *St-Etienne*. 1826. Arg. — Ens. 4 p. TB.

518 *Transports par eau réunis*. 1843. Marchandises. *Cie du Rhône*. 1844. Vapeur. *Entreprise g[le] des coches*. 1849. *Cie de drainage et d'irrigation*. Arg. — Ens. 4 p. Octog. TB.

519 *Cie des Messageries maritimes*. 1851. Tête de licorne sur une ancre. *Cie Transatlantique*. Mercure et la Navigation. Octog. Arg. — Ens. 2 p. TB.

520 *Salines et mines de sel de l'Est*. 1826. Ecu de France. *S[té] des mines de la Loire*. Génie ailé. Octog. Arg. *S[té] le Nickel*. 1880. Ouvriers. ℟. Vue de la N[lle] Calédonie Nickel. — Ens. 3 p. TB.

521 *Mines de charbon du Nord*. Sainte Barbe. Hexagone. *Dallage en asphalte*. Octog. Br. *Aniche*. Méreau. Cuivre. *Mines de Malfidano*. Arg. — Ens. 4 p. TB.

522 *Cie des fonderies de Terrenoire*. 1859. Haut-fourneau. *Forges et Chantiers de la Méditerranée*. 1855. Deux écus. ℟. Allégorie. Arg. — Ens. 2 p. TB.

523 *Canal maritime de Suez*. 1869. L'Epargne et la Paix. *Canal de Panama*. 1880. L'Union des 2 océans. Arg. — Ens. 2 p. TB.

524 *Canal de Roanne*. Deux écus. Br. *Canal de Briare*. Octog. *Cie des Canaux de Paris*. 1818. La Seine assise. *Canalisation de la Scarpe*. Péniche. *Canal d'Aire à la Bassée*. 1825. Ancre. Octog. Arg. — Ens. 5 p. TB.

525 *Ponts en fer sur la Seine*. An 9. Refrappe. *S[té] du pont de Fourchambault*. Octog. *Cie G[le] des ponts sur le Rhône*. 1844. Rond. *Pont de Beauregard*. 1836. *Cie du pont de Bordeaux*. 1819. Tête de Louis XVIII à g. Octog. Arg. — Ens. 5 p. TB.

526 *Pont, gare et port de Grenelle.* 1826. Tête de Charles X à g. *Direction Gle des Ponts et Chaussées et des Mines.* Tête nue de Louis-Philippe à g. ℟. Coq. — Ens. 2 p. Octog. TB.

527 *Sté Gle des Architectes.* Cuivre argenté. *Sté des Architectes de l'Aisne.* 1822. *Sté des Constructeurs réunis.* Hexagone. *Entrepreneurs de maçonnerie.* 1810. Octog. C. argenté. *Art de la maçonnerie.* 1 p. Arg. 2 p. Cuivre. — Ens. 7 p. TB.

528 *Entrepreneurs de menuiserie.* 1830. Arg. *Serruriers.* 1830. Cuivre. Octog. *Entrepreneurs de bâtiments.* Versailles. *Marchands carriers.* 1840. Arg. — Ens. 4 p. TB.

529 *Entrepreneurs de couverture.* 1846. *Peintres et vitriers.* Octog. *Quincaillerie.* 1863. *Ferblanterie.* 1746. Refrappe. *Imprimeurs.* 1840. *Cercle de la librairie.* 1847. Arg. et cuivre. — Ens 6 p. TB.

530 *Monnoyeurs de Paris.* Tête de Louis XV. ℟. Armes. Tête de Louis XVI. ℟. Balancier. *Commission des monnaies et médailles.* 1832. *Ajusteurs de la monnaie.* 1767. Arg. — Ens. 4 p. TB.

531 *Bijouterie, Joaillerie, Orfèvrerie.* 1864. Vase ciselé. Arg. *Bronze artistique.* Uniface. Br. *Etoffes de soie, or et argent.* 1745. *Teinturiers.* Louis XV. *Miroitiers.* 1773. Refrappes. Arg. *Drapiers.* Cuivre. *Carrossiers.* 1844. Arg. — Ens. 7 p. TB.

532 *Boulangerie.* Cérès debout. Octog. Autre. St Honoré. Arg. *Mds de vins.* 3 p. Cuivre. *Gardes mds de vins.* Autel. Arg. *Traiteurs.* Cuivre. *Ouvriers corroyeurs.* 1848. *Pavage.* 1810. Octog. *Jardiniers.* Br. — Ens. 10 p. B. et TB.

533 *Racoleurs.* 2 p. Cuivre. *Parqueteurs.* Octog. Métal blanc. *Mécaniciens, chaudronniers, fondeurs.* 1840. Arg. *Marchands de la Loire.* Louis XIV. *Eclairage.* 4 variétés. *Contrefaçon.* Octog. Cuivre. *Bourreliers, selliers.* 1862. Octog. Arg. — Ens. 11 p. AB., B. et TB.

534 **Assurances.** *Anvers.* La Sécurité assise. Autre. Minerve planant. Arg. — Ens. 2 p. TB.

535 *Neptune.* Plaque rectangulaire à pans coupés. ASSURANCES MARITIMES. ℟. NEPTUNE. Arg. TB.

536 Neptune assis sur les flots. 1844. *Mélusine.* Sirène. ℟. Vaisseau. Arg. — Ens. 2 p Octogone. TB.

537 *L'Eole.* 1855. Le dieu des Vents au-dessus d'un vaisseau. Octog. Cuivre. *La Navigation.* 1872. Isis Faria à dr. Arg. — Ens. 2 p. TB.

538 *Cie Française d'assurances maritimes.* 1862. Vaisseau. Arg. TB.

539 *Cie Centrale d'assurances maritimes.* 1854. Amphitrite. *Le Phare.* 1853. Phare. ℟. Vaisseau. Octog. Arg. — Ens. 2 p. TB.

540 *La Sphère.* Paris. 1858. *La Sphère.* Le Havre. Arg. *L'Universelle.* 1856. Cuivre doré. — Ens. 3 p. TB.

541 *La Garonne.* 1846. *La Gironde.* 1844. Octog. *Le Commerce.* Le Hâvre. 1849. Ancre. Arg. — Ens. 3 p. TB.

542 *La Fortune.* Le Havre. 1843. La Fortune vidant sa corne. Octog. Arg. 2 p. TB.

543 *Cercle des Assureurs du Hâvre.* Armes. ℞. Vaisseau et port. 2 p. *Nouveau Cercle.* 1862. Armes. Arg. — Ens. 3 p. Octog. TB.

544 *Chambre des Assurances.* Buste de Louis XIV à dr. ℞. VNA. SALVS. PELAGO. Vaisseau sombrant et naufragé sur les flots. Cuivre. B.

545 *Cie Royale d'Assurances à Paris.* 1817. Octog. *L'Etoile de la Mer* 1858. *L'Egide.* 1863. Arg. — Ens. 3 p. TB.

546 *S^té G^le d'Ass^ces mutuelles maritimes.* 1847. Octog. *La Méridionale. Bordeaux.* 1870. *L'Union bordelaise.* 1872. Octog. Arg. — Ens. 3 p. TB.

547 *L'Union des Ports.* 1836. Octog. *Le Pilote.* 1852. Arg. — Ens. 2 p. TB.

548 *Cercle Commercial.* 1860. Vaisseau. Octog. *La Providence maritime.* 1869. *La Prévoyance.* 1869. Octog. *Les deux Pôles.* 1865. Arg. — Ens. 4 p. TB.

549 *La Garantie agricole.* 1854. *Grèle, Seine-et-Marne.* 1829. *La Versaillaise.* 1834. Arg. — Ens. 3 p. Octog. TB.

550 *L'Etoile.* 1834. Octog. *La Métropole-Incendie.* Arg. — Ens. 2 p. TB.

551 *Cie du Soleil.* Napoléon III. Autre. 1870. *L'Aigle.* 1843. Autre. Napoléon III. Arg. — Ens. 4 p. Octog. TB.

552 *La Bretagne.* Armes. *La Normandie.* Armes. *Cie Royale d'Assurances.* 1817. *La Nationale.* 1817. Arg. — Ens. 4 p. Octog. TB.

553 *Mutuelle-Mobilière parisienne.* 1837. Armes. *Mutuelle-Incendie. Paris.* 1817. *Id. Seine et Seine-et-Oise.* 1852. Octog. *Le Phénix* 1819. Arg. — Ens. 4 p. TB.

554 *La Rouennaise.* Femme assise à dr. *Seine-Inf^re et Eure.* Phénix. *Calvados, Orne, Manche.* 1820. Octog. Arg. — Ens. 3 p. TB.

555 *La Clémentine.* Légendes de chaque côté. Autre. 1840-1858. Octog. Autre. 1881. Arg. — Ens. 3 p. TB.

556 *La Fraternelle.* Cuivre argenté 1838. *L'Urbaine.* 1838. *La France.* 1837. *La Paternelle.* 1843. Arg. — Ens. 4 p. Octog. TB.

557 *La Foncière.* Femme assise de face. *La Salamandre.* 1818. Octog. *Le Monde. La Providence.* Octog. Arg. — Ens. 4 p. TB.

558 *Le Phénix*. Napoléon III à dr. *La Centrale*. 1863. Salamandre. *L'Union*. *La Mutuelle de l'Ouest*. Armes de Rouen. Arg. — Ens. 4 p. Octog. Arg.

559 *Caisse de secours de la Somme*. Tête de République à g. *Assurances Gles à Paris*. 1818. Louis XVIII. 3 variétés. Arg. — Ens. 4 p. Octog. TB.

560 *Mutuelle du Loiret*. 1820. *Assces Gles du Loiret. Orléans*. Octog. *L'Orléanaise*. 1820. Arg. — Ens. 3 p. TB.

561 *Assce Mutlle Lyon*. 1820. Charles X. *Agents Génx Lyon*. 1869. *La Confiance*. Arg. — Ens. 3 p. Octog. TB.

562 *Assce Mut. immob. du Mans*. 1856. *Direction Gle de Limoges*. 1841. *Assocon Mlle de Versailles*. 1824. Armes. *Le Midi*. Arg. — Ens. 4 p. Octog. Arg. TB.

563 *Cie Commerciale d'Assurances. Paris*. 1818. Octog. *Risques de guerre et d'émeute*. 1873. *L'Union du Commerce*. 1846. Octog. Arg. — Ens. 3 p. TB.

564 *Cie d'Assce du Hâvre de Grâce*. 1789. Buste de Louis XVI à dr. ℞. Vaisseau. Buste varié. ℞. 1783. Hercule et le fleuve Achéloüs. Autre. An XI. Vaisseau en perdition. ℞. Vaisseau voguant. Arg. — Ens. 3 p. Octog. Repatinées. TB.

565 *L'Union. Paris*. 1828. *Le Monde*. Octog. et rond. *La France*. 1843. Octog. Arg. — Ens. 4 p. TB.

566 *Le Phénix*. Louis-Philippe à g. Octog. Autre. 1894. *Cie Royale*. 1830. Octog. Arg. — Ens. 3 p. TB.

567 *Le Crédit viager*. 1854. Octog. *L'Urbaine*. Arg. *Le Secours*. 1880. Arg. et Br. — Ens. 4 p. TB.

568 **Médecine**. *Commission d'Hygiène*. Oudiné. 1 p. Roty. 2 p. Arg. — Ens. 3 p. TB.

569 *Conseil d'Hygiène. Seine-Infre* 1855. Coq. *Eure*. 1848. Coq. Octog. *Calvados*. Armes. *Aliénés. Seine-Infre*. Buste d'Hippocrate de face. Octog. Arg. — Ens. 4 p. TB.

570 *Hôpitaux civils de Lyon*. Bustes accolés. *Dispensaire Gal de Lyon*. 1818. Le bon Samaritain. 2 variétés. *Sté de Médecine de Lyon*. 1789. Refr. Arg. — Ens. 4 p. TB.

571 *Lazaret de Marseille*. 1775. Octog. Arg. *Sté de Médecine de Marseille*. Cuivre. *Sté Médicale du 1er arrondt de Paris*. Octog. *Hospices civils de Paris*. *Hôpital Militaire*. Louis-Philippe. Octog. Arg. — Ens. 5 p. TB.

572 *Ecole de Chirurgie*. 1775. *Académie Royale de Médecine*. Louis-Philippe. Octog. *Assistance Publique*. Arg. — Ens. 3 p. TB.

573 *Collège de Pharmacie.* 1778. Repatiné. *S^té de pharmacie.* 1796. Octog. *S^té de prévoyance des pharmaciens.* 1824. Octog. *Produits pharmaceutiques. Vaccination municipale.* 1814. Arg. — Ens. 5 p. TB.

574 **Divers.** *Etats de Bourgogne.* 1715, 1722, 1743. 4 p. *Artois.* 2 p. Cuivre. *Bretagne.* 1760 et 1788. 2 p. *Lille.* 2 p. Cuivre arg. — Ens. 10 p. B.

575 *La Basoche.* 1741. Charlemagne à mi-corps. ℞. LES OFFICIERS DE L'EMPIRE DE GALLILÉE. Armes. Arg. troué. AB.

576 *Parties casuelles.* Arg. 1 p. Cuivre. 11 p. — Ens. 12 p. AB. et B.

577 *Chambre aux deniers.* Cuivre. 14 p. AB. et B.

578 *Trésor royal,* etc. Arg. 3 p. Cuivre. 5 p. — Ens. 8 p. B. et TB.

579 *Trésor public.* Tête laurée de Napoléon I à dr. Octog. Arg. TB.

580 *Conseil, Chambre des Comptes,* etc. Cuivre. — Ens. 8 p. AB. et B.

581 *Procureurs.* Arg. 1 p. Cuivre. 1 p. *Juge et Consuls.* Arg. 1 p. *Secrétaires du roi.* Arg. 1 p. — Ens. 4 p. B. et TB.

582 *Ordre du St Esprit.* Arg. 1 p. *Cour des Aides.* Ch. Leclerc. Cuivre. Marine. 1756. Arg. *Prieur et Juges de Dieppe.* 1758. Arg. — Ens. 4 p. B. et TB.

583 *Commissaires du Châtelet.* Hubert. 1752. *Connétablie et Maréchaussée.* 1 p. *Ecuries du roi.* 2 variétés. Arg. — Ens. 4 p. B. et TB.

584 *Payeurs des rentes.* 1717 et 1764. Arg. 3 variétés. B. et TB.

585 *Syndics généraux.* 1779. *Ordre de St Louis.* 1 p. *Hôtel des Monnaies.* 1763. Octog. *Charles de Lorraine.* Mariage. 1760. Arg. *Charles II d'Espagne.* 1676. Cuivre. — Ens. 5 p. B. et TB.

586 *Receveurs des pauvres.* 2 p. Cuivre. *Election de Paris.* Louis XV. Arg. *Paris.* 1695. *District des Cordeliers.* 1790. Cuivre. *Guerres.* Arg. et 2 p. Cuivre. — Ens. 8 p. AB. et B.

587 *Police.* Arg. 2 p. Cuivre. 2 p. *Préfecture de la Seine.* 2 p. variées. Arg. — Ens. 6 p. B. et TB.

588 *Prévôts des Marchands, Echevins.* Arg. 1 p. Cuivre, 17 p. — Ens. 18 p. AB. et B.

589 *Institut de France.* Buste de Minerve à dr. Médaille, 50%. *Inspecteurs des travaux diocésains.* 1863. Tête de Napoléon III à g. 41%. *Calvados.* Travaux publics. 1850. Arg. — Ens. 3 p. TB.

590 *Académie française.* Louis XV. Arg. Louis XVIII. Arg. et Br. *Académie des Sciences.* Louis XV et Louis XVI. Arg. — Ens. 5 p. TB.

591 *Académie de Rouen*. 1744. 3 bustes accolés. *Académie de Mâcon*. 1 p. *Académie des Inscriptions*. Louis XV et Louis XVI. *Académie belge*. Arg. — Ens. 5 p. B. et TB.

592 *Ste Archéologique du Midi*. 1831. Cuivre arg. *Ste Archéologique de l'Orléanais* 1849. *Ste historique du Forez*. Armes. Arg. *Ste Nivernaise*. Br. — Ens. 4 p. TB.

593 *Toulouse*. Clémence Isaure. 1819. *Athénéum de Lyon*. 1700. Autel. *Antiquaires de France*. Bernard de Montfaucon. *Bibliophiles*. 1820. De Thou. Arg. — Ens. 4 p. TB.

594 *Stéde morale chrétienne*. Duc de La Rochefoucault. *Comité des Travaux historiques*. Tête de Napoléon III. *Comité de la Langue, etc* Même tête, *Ste des Sciences de Lille*. 1866. Arg. et 2 p. Cuivre de Legras. — Ens. 6 p. TB.

595 *Ecole polytechnique*. Trophée. Arg. *Grands messagers de l'Université*. 1699. Cuivre. *Université*. Commission des livres. *Administration des lycées*. Arg. — Ens. 4 p. B. et TB.

596 *Chefs d'institution*. 1847. *Collège de Charlemagne*. 1830. Octog. *Collège Stanislas*. Armes. Arg. *Collège Louis-le-Grand*. Cuivre. — Ens. 4 p. B. et TB.

597 *Ecole Albert-le-Grand*. Buste de Lacordaire. *Ecole Monge*. Tête de Monge. *Certificat d'études primaires*. Tête de République. Arg. Ens. 3 p. et deux bons points d'école. TB.

598 *Musées impériaux*. Jury des Beaux-Arts. Octog. *Ecole des Beaux-Arts de Lyon*. Tête de Pallas à g. 41 %. *Stédes Auteurs dramatiques*. Allégorie. Arg. — Ens. 3 p. TB.

599 *Ecole Nationale d'Art décoratif. Aubusson*. Buste de République. *Auteurs dramatiques*. Lyre. Octog. *Compositeurs de musique*. Octog. Arg. — Ens. 3 p. TB.

600 *Ste Nle des Beaux-Arts*. 1890. Plaquette de Charpentier au buste de Meissonier et J.-P. Laurens. Br. argenté. TB.

601 *Commission des Beaux-Arts*. Tête de Napoléon III. 41 %. *Bals masqués*. Apollon assis. Octog. *Versailles*. 1854. Jeton rond. *Musées royaux*. Octog. *Commission du chant*. Arg. — Ens. 5 p. TB.

602 *Comédie française*. Masques. Autre. Ruche. *Second théâtre français*. Octog. *Ste des deux Cirques*. Cheval. Arg. — Ens. 4 p. TB.

603 *Ste d'Agriculture de Lyon*. Buste de l'abbé Rozier. *Ste Agricole de Senlis*. 1885. Octog. *Id. Seine-Infre*. Têtes accolées à g. *Id. de Meaux*. Octog. *Id. de l'Yonne*. Allégorie. *Id. de France*. Octog. *Id. de Rouen*. Octog. Arg. — Ens. 7 p. TB.

604 Jetons variés. Cuivre 7 p. *Ordre la Couronne de Fer*. Tête de Napoléon. Refrappe. Octog. *Montres longines*. Renommée. *L'Urbaine*. Buste à dr. et bélière. Arg. — Ens. 10 p.

605 *Secours mutuels*. Armes. Arg. Castor. 1825. Octog. Br. *Union des Coiffeurs*. Insigne. *St Louis de Poissy*. Insigne. — Ens. 4 p. TB.

606 *Société de retraites la Boule de neige*. Arg. et Br. *Ex-sapeurs-pompiers de Paris*. Tête de République. Etain. *Le 10 décembre*. Tête de Napoléon III. Br. — Ens. 4 p.

607 *Caisse d'Epargne. Angers*. Ruche, rond. *Bar-sur-Seine*. Armes. *Bayonne*. Armes. *Beaugency*. 1836. Armes. *Bordeaux*. 1819. Monument. Octog. Arg. — Ens. 5 p. TB.

608 *Lorient*. 1834. Armes, rond. *Lyon*. 1822. Abeille. *Montpellier*. Armes. Octog. Arg. — Ens. 3 p. TB.

609 *Nantes*. 1821. Ecu cerné de palmes. Autre. Ecu avec 2 tenants. Arg. — Ens. 2 p. TB.

610 *Orléans*. 1832. Louis-Philippe. Octog. *Paris*. Ruche. *Rennes*. Armes. *Rochefort*. 1836. Armes. Octog. Arg. — Ens. 4 p. TB.

611 *Mont de Piété. Paris*. Buste de Louis XVI à dr. Refrappe. *Rouen*. Tête de Napoléon I à g. 1847. Arg. — Ens. 2 p. Oct. TB.

612 *Conseil municipal de Lyon*. Tête tourelée à dr. Arg. *Saint-Mandé*. Tête de Napoléon III à g. Br. *La Rochelle*. L'Hôtel de Ville. *Valenciennes*. 1785. *Versailles*. 1821. Armes. Octog. Arg. — Ens. 5 p. TB.

613 *Evreux*. Armes. *Le Hâvre*. Armes. *Caen*. Armes. Octog. *Soissons*. Armes. Arg. — Ens. 4 p. TB.

614 *Ecole de dessin. Compiègne*. Ecu tenu par Adam et Eve. Arg. 51 m/m. *Conseils municipaux*, par Bottée. Br. doré. 50 m/m. *Conseil d'arrondissement*. Seine-et-Oise. Br. 50 m/m. — Ens. 3 p. TB.

615 *Corps municipal de Paris*. Tête de République. ℟. Armes. A l'exergue : A. T. PARMENTIER. ADJOINT. 10E ARRONDT. — Autre. Armes tenues par 2 sirènes. ℟. 1862. LECLERC-LEFEBVRE. etc. Arg. 50 m/m. — Ens. 2 p. TB.

616 *Chambre des députés*. Tête de Charles X à g. 1826. Tête de Louis-Philippe à dr. 1834. Arg. — Ens. 2 p. TB.

617 *Jetons de jeu*. HEUR ET MALHEUR. Tête janiforme. ℟. Variés. Collection de 23 p. Octog. Arg. TB.

618 Jetons de jeu variés. Arg. 3 p. Br. et métal blanc. 22 p. — Ens. 25 p. TB.

619 *Jetons-monnaie* de sociétés industrielles et commerciales, Cantines. Bateaux parisiens, Théâtres, Garçons de recette, etc. — Ens. 51 p. métalliques et 5 cartons. B. et TB,

620 *Jetons-réclame.* Métaux divers. — Ens. 56 p. B. et TB.

621 *Jetons de comptes et jetons banaux.* Cuivre. — Ens. 45 p. AB. et B.

622 Dénereaux ou poids de changeurs. Cuivre. — Ens. 13 p. B. et TB.

623 **Plaques.** *Gardes des bois et propriétés de M^e le duc de Luynes.* Ecu couronné. Plaque ovale. 75/69 m/m. TB.

624 *Gardes des bois de la maison de Talleyrand.* Armes entourées du collier de la Toison d'or. Plaque octogone, hauteur 110 m/m.; largeur 88 m/m. TB.

625 *Administration des postes.* Aigle impériale au dessus d'un trophée de drapeaux ; au bas, BUREAUX AMBULANTS. Plaque ovale 80/75 m/m. Très belle.

626 *Maison de S. M. l'Empereur.* Aigle couronné ; au bas SERVICE DES ÉCURIES. Plaque ovale dorée. 80/65 m/m. TB.

627 *N° 71. Colporteurs de toutes les loteries autorisées par sa majesté.* Gravé en creux au revers de l'Ecu couronné de France. Cuivre. 70 m/m. TB.

628 *Administration des postes aux lettres.* 1786. ℟. Armes de France. Br. 42 m/m. et anneau. TB.

629 CONSULS DE LA RÉP. FR. dans une couronne. ℟. SERVICE DE L'INTÉRIEUR DU PALAIS, dans une couronne. Cuivre. 40 m/m. et anneau. TB.

630 *Porteurs et forts de la halle.* Plaques variées. — Ens. 16 p. TB.

631 *Gardiens. Commissaires. Portefaix. Mesureurs.* — Ens. 25 p. TB.

632 *Marchés. Marchands ambulants.* — Ens. 23 p. TB.

633 *Conducteurs. Receveurs divers.* — Ens. 12 p. TB.

634 *Postes. Télégraphes. Facteurs.* — Ens. 13 p. TB.

635 *Gardes forestiers,* 8 p. *Gardes champêtres,* 7 p. *Gardes-chasse,* 3 p. *Messier,* 1 p. — Ens. 19 p. TB.

636 *Police,* 6 p. *Salubrité,* 1 p. *Douanes,* 1 p. *Intendance,* 1 p. *Pompiers,* 1 p. *Cantonnier,* 1 p. — Ens. 11 p. TB.

637 *Transport,* 1 p. *Cochers,* 2 p. *Garçon de place,* 1 p. *Saltimbanques,* 5 p. *Mendiant,* 1 p. *Petit Journal,* 1 p. — Ens. 11 p. TB.

638 *Hausse-cols, garde d'épée, plaques de ceinturon,* etc. — Ens. 11 p. TB.

MÉDAILLES

639 *Louis XIV*. Evènements du règne. Série de 40 p. variées. Br. 41 m/m. TB.

640 Autre série de 29 p. variées, plusieurs refrappes. Br. 41 m/m. TB.

641 *Louis XV*. Commerce du Levant, 1750. 3 p. variées. C. doré. Régiment de la calotte. Br. *Calendriers métalliques*. Cuivre. 4 p. — Ens, 8 p. TB.

642 *Caisse d'escompte*, 1776. La Sécurité assise à g. ℞. Mercure et la Richesse. *Arts utiles*. Allégorie. Br. — Ens. 2 p. TB.

643 *Confédération des François*. Cuivre doré. Médailles de Palloy et autres pièces révolutionnaires. Fer, Bronze, etc. — Ens. 10 p. TB.

644 *Sections* : du Contrat social, 1791 ; du Temple, 1792; de la Réunion 1792 ; de l'Homme armé, 1792 ; du Bonnet rouge, 1793. Etain. — Ens. 5 p. TB.

645 Code toscan. Louis XVII. Médailles diverses de Napoléon. Br. — Ens. 7 p. TB.

646 *Napoléon*. Médailles de divers modules. Br. 7 p. Médaille de Sainte-Hélène avec ruban. — Ens. 8 p. TB.

647 *Retour des Cendres*. 1840.. Tête de Napoléon I. sur son lit de mort. ℞. Le pont de Rouen. Br. 64 m/m. TB.

648 François I ; Diane de Poitiers ; François II ; Henri III ; Catherine de Médicis ; Henri IV ; etc. Modules variés. Refrappes. Br. — Ens. 17 p. TB.

649 Louis XIII ; Richelieu ; Louis XIV ; Mazarin ; Colbert. Modules variés. Refrappes. Br. — Ens. 11 p. TB.

650 Louis XV ; Louis XVI ; Marie-Antoinette ; Personnages divers. Modules variés. Refrappes. Br. — Ens. 20 p. TB.

651 Louis XVI. Révolution. Napoléon ; Marie-Louise. Pièces diverses. Refrappes. — Ens. 6 p. Cuivre. TB.

652 Révolution ; Bonaparte ; Napoléon ; etc. Modules variés. Refrappes. Etain et Br. — Ens. 23 p. B. et TB.

653 Louis XII. Louis XIII. Napoléon I. Famille impériale. Petit module. Refrappes. Arg. — Ens. 10 p. TB.

654 Autres de l'époque impériale, petit et très petit module. En partie refrappées. Arg. — Ens. 30 p. TB.

655 *Louis XVIII* et personnages de son règne. Modules variés. Br. 13 p. TB.

656 *Charles X* et contemporains. Modules variés. 7 p. Br. Duchesse de Berry et duchesse d'Angoulême. Verre. 2 p. — Ens. 9 p. TB.

657 Sacre de Charles X; duc d'Angoulême; les Souverains des Deux-Siciles, etc. Br. — Ens. 7 p. TB.

658 Retour du duc d'Angoulême. Personnages divers. Br. — Ens. 9 p. TB.

659 Les 3 Glorieuses. Lafayette, Chateaubriand, etc. Br. — Ens. 10 p. TB.

660 Personnages illustres: Mirabeau, Voltaire, Franklin, etc. Br. — Ens. 7 p. TB.

661 *Louis-Philippe* et la reine Marie-Amélie. ℟. Quatre médaillons de portraits de la famille royale. Br. 75 %. TB.

662 Les Chemins de fer. 2 p. Rouget de Lisle. Médaille de dévouement. Br. — Ens. 4 p. TB

663 Bibliothèque dé Ste Geneviève; le maréchal Lobau; Eugène Süe, etc. Br. — Ens. 7 p. TB.

664 Série complète, dite des Cathédrales, œuvre de *Wiener*: Notre-Dame de Paris, Rouen, Milan, Strasbourg, St-Pierre de Rome, etc. — Ens. 40 p. Br. 70 m/m. TB.

665 Colonne de Juillet. *Napoléon III*. Médailles de sauvetage. Arg. — Ens. 3 p. TB.

666 *Médaille des Chemins de fer*. 1842. Tête de Louis-Philippe couronnée de chêne à g. ℟. DANT IGNOTAS MARTI NOVASQVE MERCURIO ALAS. La France donnant des ailes à Mars et à Mercure. Br. 112 %. TB.

667 *Garçons de caisse*. Allégorie. Arg. 51 m/m. — Ens. 2 p. TB.

668 *Sté d'Aviculture*. 1894. Têtes de volailles. *Sté de Sauvetage*. 1879. Femme au lion. *Victoria* 60e anniversaire. *Tête de Cérès* par D. Dupuis. Arg. — Ens. 4 p. TB.

669 *Pie IX*. Buste à g. ℟. L'intérieur de la basilique de St Paul. 1854. Br. 82 %. TB.

670 Médailles diverses du même pape. 6 p. *Grégoire XVI*. Pièce ovale. *Alexandre VIII*. Buste à g. Br. — Ens. 8 p. TB.

671 *François-Joseph*. Catherine la Grande. Monument de Guillaume Tell. Le Walhalla de Munich, etc. Divers modules. Br. — Ens. 12 p. TB.

672 *Napoléon III*. Avènement. Expositions de 1855 et 1867. Tribunal de Commerce. Grand module. Br. — Ens. 4 p. TB.

673 Refonte des monnaies. Les Halles centrales. Conversion de la rente. Annexion de la Savoie. Napoléon et Victoria. Br. — Ens. 5 p. TB.

674 Médailles diverses du règne. Divers modules. Br. et Etain. — Ens. 14 p. TB.

675 *Le Prince Impérial*. Tête à dr. ℞. Exposition de 1867. 71 ᵐ/ₘ. Berceau offert par la Ville de Paris. 1856. Br. 76 ᵐ/ₘ. — Ens. 2 p. TB.

676 Tête de République. ℞. Métal trouvé dans les ruines du Palais des Tuileries. Br. 72 et 35 ᵐ/ₘ. — Ens. 2 p. TB.

677 Siège et Commune de Paris. 1870-71. Modules variés. Br. — Ens. 8 p. TB.

678 Ballon captif, Tour Eiffel, Général Mercier, etc. Divers modules. Br. — Ens. 13 p. TB.

679 *Pièces de mariage*. Arg. 4 p. Duchesse d'Aumont. Octog. Refrappe. — Ens. 5 p. TB.

680 Mariage du prince Roland Bonaparte avec Mlle Blanc. 1880. Armes impériales. Arg. 41 ᵐ/ₘ. TB.

681 *Société de tempérance*. 1882. Hygiée debout à g., clouant au sol l'hydre de l'alcoolisme, signé OUDINÉ. Arg. 50 ᵐ/ₘ. TB.

MÉDAILLES ET PLAQUETTES ARTISTIQUES

682 *R. Baudichon*. Pièce de mariage. Arg. 27 ᵐ/ₘ. Semeur. Plaquette rect. Br. 63/42 ᵐ/ₘ. *A. Bertrand*. Exposition de Tunis. Tête de République. Br. doré. 68 ᵐ/ₘ. — Ens. 3 p. TB.

683 *A. Borrel*. Claude Bernard. 1879. Buste à dr. Br. 67 ᵐ/ₘ. TB.

684 Victor Hugo. 1884. Buste à g. 68 ᵐ/ₘ. TB.

685 Paul Bert. 1886. Buste de face. Br. 68 ᵐ/ₘ. TB.

686 Henri Martin. 1886. Buste de trois quarts à g. Br. 67 ᵐ/ₘ. TB.

687 Souvenir de l'hospitalité suisse. 1871. L'Helvétie donnant la main à un Gaulois. Br. 70 ᵐ/ₘ. Pigeons voyageurs. Education virile. Br. argenté. 50 ᵐ/ₘ. 2 p. — Ens. 3 p. TB.

688 Centenaire de la fondation de l'école des langues orientales vivantes. Plaquette rect. Br. 60/66 m/m. TB.

689 *Bottée*. La République et la Renommée. La Science. Centenaire de la Monnaie. 1889. Br. 50 m/m. — Ens. 3 p. TB.

690 Exposition de San-Francisco. 1906. La République saluant l'aigle américaine. Br. 90 m/m. TB.

691 La France casquée. La République. 67 m/m. Les Arts du dessin. L'Alliance franco-russe. 48 m/m. — Ens. 5 p. Br. TB.

692 *Max. Bourgeois*. J. Goujon, Pierre Lescot et Le Poussin. 72 m/m. Centenaire de l'Ecole polytechnique. 1894. 68 m/m. — Ens. 2 p. Br. TB.

693 *Cariat*. Canots à pétrole. Plaquette rect. 45/65 m/m. *Chabaud*. Exposition. 1889. 50 m/m. *Charpentier*. La Peinture. Plaquette rect. à pans coupés. Br. argenté. 51/40 m/m. — Ens. 3 p. TB.

694 *Carrier-Belleuse* (d'après). Victor Cousin. Son buste à g. 1873, par A. Dubois. Br. 81 m/m. TB.

695 *Chaplain*. Mac-Mahon. 69 m/m. Sadi Carnot. 1888. 72 m/m. Casimir Périer. 1894. 68 m/m. Br. — Ens. 3 p. TB.

696 Félix Faure. 1895. 2 variétés. Br. et Br. argenté. 68 et 71 m/m. Emile Loubet. 1899. Br. 72 m/m. — Ens. 3 p. TB.

697 Louise Davout, marquise de Blocqueville. ℞. Le phare d'Eckmühl. Plaquette rect. Br. 70/60 m/m. TB.

698 Louis Liard. Buste à g. ℞. L'Université tenant un flambeau. Plaquette rect. 69/54 m/m. TB.

699 Université de Paris. 1895. Br. 65 m/m. Pompier sauveteur. Br. argenté. 50 m/m. Ecole des Arts industriels de Roubaix. 1890. Br. 68 m/m. — Ens. 3 p. TB.

700 Protection du premier âge. 1874. Mère allaitant un enfant et en nourrissant un autre. Br. 67 m/m. TB.

701 Exposition de 1878. 67 m/m. Visite de l'escadre russe à Toulon, 1893. Br. 70 m/m. — Ens. 2 p. TB.

702 Congrès international des électriciens à Paris. 1881. 82 m/m. Marche vers le Temple de la Gloire. Br. 76 m/m. — Ens. 2 p. TB.

703 La Ville de Paris en sentinelle, 72 m/m. Reconstruction de l'Hôtel de Ville. 1882. Br. 75 m/m. — Ens. 2 p. TB.

704 *Coudray*. La France protégeant des enfants exotiques. 67 m/m. La France désignant la frontière. 67 m/m. Br. — Ens. 2 p. TB.

705 Viticulture. Plaquette rect. Br. 68/38 m/m. TB.

706 Iris. ℟. Danse de nymphes. Br. 50 m/m. Discobole. ℟. Victoire. Arg. 32 m/m. Ecole coloniale. Br. 67 m/m. — Ens. 3 p. TB.

707 *Dautel*. Elégie. Plaquette rect. 45/64 m/m. *Degeorge*. Eglise St Pierre de Montrouge, 75 m/m. Élevage de chevaux. Br. 41 m/m. — Ens. 3 p. TB.

708 Communications aériennes, 1870-71. 62 m/m. Monument des élèves des Beaux-Arts morts pour la patrie. Br. 80 m/m. — Ens. 2 p. TB.

709 Médaille de l'éclairage des côtes de France. Br. 75 m/m. TB.

710 *Desaide* (Editeur). Instituts marins, 1896. 58 m/m. L'Agriculture, 46 m/m. La Photographie, Br. 46 m/m. — Ens. 3 p. TB.

711 *L. Deschamps*. Gutenberg. Buste à g. ℟. Presse, 74 m/m. Émile Combes. Buste à g. 1905. Br. 74 m/m. — Ens. 2 p. TB.

712 *L. R. Dion*. Homme assis sur un roc. Plaquette rect. Br. argenté 58/38 m/m. La Couture. ℟. La Mode. Plaquette rect. Br. 63/43 m/m. — Ens. 2 p. TB.

713 *Alphée Dubois*. Apollon violoniste, 68 m/m. Bestiaux, 50 m/m. Le Verrier, 1884. Buste à g. Br. 68 m/m. — Ens. 3 p. TB.

714 Centenaire de la naissance de Napoléon. Allégorie, 1869. Uniface 100 m/m. Concours de tir. Br. argenté, 50 m/m. Vœu du Sacré-Cœur. Br. 50 m/m. — Ens. 3 p. TB.

715 Louis Pasteur. Tête à dr. Br. 68 m/m. TB.

716 Gérard. Buste de face. Ch.-Ad. Würtz. Buste de face. Br. 68 m/m. — Ens. 2 p. TB.

717 Sapeurs-pompiers courant au feu. La Géographie mesurant la terre. Br. argenté. 50 m/m. — Ens. 2 p. TB.

718 Janssen et Norman Lockyer. Bustes à dr. ℟. Le Char du Soleil, 70 m/m. Hind, Goldschmidt et Luther. Bustes à g. ℟. Uranie. Br. 69 m/m. — Ens. 2 p. TB.

719 Carnot. Inauguration de l'Exposition 1889. Buste à g. Br. 68 m/m. Très beau.

720 *Henri Dubois*. Exposition de 1889, 62 m/m. Le Groupe du départ par Rude, 67 m/m. Jardinage. Br. 61 m/m. — Ens. 3 p. TB.

721 Assurance sur la vie. Allégorie. Arg. 50 m/m. Union des femmes de France. Scène d'ambulance. Br. argenté. 50 m/m. — Ens. 2 p. TB.

722 La Vierge. Buste à g. Plaquette rect. 70/44 m/m. Au Mérite, 48 m/m. Tête de République casquée à dr. Tête de gaulois à g. 50 m/m. *Dupré*. Prière du soir. Plaquette rect. Br. 63/50 m/m. — Ens. 5 p. TB.

723 *Daniel Dupuis*. Centenaire de la Révolution. 1889, 75%. Jules Grévy. Buste à dr. 1879, 67%. Église St Joseph. Br. 75%. — Ens. 3 p. TB.

724 La Postérité couronnant le Génie des Arts, 1880, 72%. Pont Alexandre III, 1896, 70%. Monnaie de Paris, 1900. Tête de République. Br. 50%. — Ens. 4 p. TB.

725 *Erdmann*. Exposition canine, 48%. Chiens de bergers, 43%. Le Cyclisme, 48%. Bestiaux. Br. 49%. — Ens. 4 p. TB.

726 *Frei*. Mariage. C. argenté, 36%. *Jampolsky*. Tête d'Athéna à g. Arg. 28%. *Lancelot*. Musique champêtre. Tête de République. 49%. Léon XIII. Buste à dr. ℞. Lion. Br. 41%. — Ens. 5 p. TB.

727 *Abel Lafleur*. Beethoven. Buste de face. Plaquette rect. 72/48%. TB.

728 *Lagrange*. Instruction populaire, 1886. Milon de Crotone, 70%. Le Palais de Justice, 1874. L'Opéra, 1875. Br. 75%. — Ens. 4 p. TB.

729 *Lechevrel*. Tête de République à g. 50%. La Gravure. Plaquette rect. Br. 66/48. TB.

730 *Legastelois*. Nouveau-né. Pièce ovale. Arg. 36/27%. Hommage aux graveurs. Plaquette rect. Br. 60/48%. — Ens. 2 p. TB.

731 *Lemaire*. Exposition de Paris, 1900. 53%. *Levillain*. Exposition universelle, 1889. Br. 75%. — Ens. 2 p. TB.

732 Allégorie du Zodiaque, 69%. La mort d'Argus, 47%. *Massoullé*. La République protégeant l'étude. Plaquette rect. Br. 67/50%. — Ens. 3 p. TB.

733 *Mérignac*. Olonnaise. Buste à g. ℞. Bateaux de pêche. Vendéenne. Buste à g. ℞. Calvaire. Plaquettes rect. Br. 63/44%. Ens. 2 p. TB.

734 *Morlon*. Buste de Gallia pacifique de trois-quarts à dr. Buste de Gallia, guerrière à g. Br. 63%. — Ens. 2 p. TB.

735 *Mouchon*. Lazare Carnot assis à dr. ℞. La République et un Génie forgeant des armes. Br. 67%. Souvenir de la Monnaie de Paris. Plaquette rect. Arg. 53/29%. — Ens. 2 p. TB.

736 La même plaquette. Arg. *Meyot*. Buste de la Paix accoudée à g. Br. 62%. — Ens. 2 p. TB.

737 *H. Naudé*. La Renommée proclame le mérite. 67%. Concours militaire national de tir. Br. 50%. — Ens. 2 p. TB.

738 *Oudiné*. Exposition universelle de 1878. Groupe allégorique. ℞. Anges déroulant un plan. Tranche inscrite. Br. doré. 86%. TB.

739 A. Thiers. Buste à g. 69 m/m. Bienfaisance. 50 m/m. Sauvetage au bord de la mer. Br. 50 m/m. — Ens. 3 p. TB.

740 *Patey*. Ballons dirigeables. 1885. 71 m/m. Conservatoire national des Arts et Métiers. Plaquette rect. Br. 69/48 m/m. — Ens. 2 p. TB.

741 Exposition universelle de Lyon, 1894. 63 m/m. Buste du sculpteur Barye de trois-quarts à g. ℞. Le lion de Barye. Br. 68 m/m. — Ens. 2 p. TB.

742 *Pillet*. Médaille de mariage. Arg. 41 m/m. La Renommée. 58 m/m. La Gravure. 46 m/m. L'Automobile. Le Jardinage. Br. 45 m/m. — Ens. 5 p. TB.

743 *Prudhomme*. Union coloniale. Plaquette rect. Br. 70/52 m/m. La Vendange. Br. 50 m/m. — Ens. 2 p. TB.

744 *Rivet*. La Basse-cour. Le Jardinage. L'Apiculture. Les Pigeons. Br. 49 m/m. — Ens. 4 p. TB.

745 La Récolte des pommes. Les Chrysanthèmes. La Moisson. 49 m/m. Les Chiens. 44 m/m. — Ens. 4 p. TB.

746 L'Etude. La Récompense. La Musique. 49 m/m. Exposition de Bordeaux. 1895. Br. 43 m/m. — Ens. 4 p. TB.

747 Tir à l'arc. La Course. Patria. Exercices virils. Br. 49 m/m. — Ens. 4 p. TB.

748 Mignon. Jeune fille tenant un oiseau. Arg. 26 m/m. Velléda. Br. 41 m/m. Liberté, Egalité, Fraternité dans la République. Br. 68 m/m. — Ens. 4 p. TB.

749 Buste de marquise à g. Br. argenté, 50 m/m. Buste de République, 47 m/m. Allégorie sur la Paix, 57 m/m. Récompense au travail. Br 50 m/m. — Ens. 4 p. TB.

750 *Roine*. Sentinelle. Plaquette rect. Br. 69/42 m/m. *Rasumny*. Magasins du Louvre. Br. 46 m/m. *Rozet*. Centenaire de Victor-Hugo. 1902. Plaquette rect. Br. doré. 40/28 m/m. *Salière*. Bergerie. Br. 46 m/m. — Ens. 4 p. TB.

751 *Roty*. La Toilette. Femme vue de dos, arrangeant sa chevelure. Plaquette rect. Br. 68/34 m/m. TB.

752 Prisons de Fresnes. Libérés quittant l'asile. ℞. Scènes d'intérieur en triptyque. Plaquette rectangulaire au sommet curviligne. Br. argenté. 79/58 m/m. TB.

753 Maison Christofle. 1892. Disposition en triptyque; sujets allégoriques. Plaquette rect. Br. argenté. 94/59 m/m. TB.

754 Léon Gambetta. Buste à g. Br. 68 m/m. TB.

755 Funérailles de Sadi Carnot. La République au lit de mort du Président. ℞. Transport du corps au Panthéon. Plaquette rect. Br. 90/56 m/m. TB.

756 **Union Franco-Américaine.** 1876. La Bastille. La Basse-Cour. Br. 50 m/m. — Ens. 3 p. TB.

757 Exposition d'Electricité. Paris 1881, 80 m/m. L'Art appliqué à l'Industrie. Br. 80 m/m. — Ens. 2 p. TB.

758 *Soldi*. A la mémoire des victimes de l'invasion. 1870-71. 70 m/m. Association des Etudiants de Paris. 70 m/m. Niepce et Daguerre. 1889. Br. 68 m/m. — Ens. 3 p. TB.

759 *Vernier*. Fondation du musée de Boulaq. Buste de Mariette. 1881. Plaquette. Br. 75/60 m/m. TB.

760 Auguste Comte. Buste à g. ℞. 1902. Monument. Plaquette rect. Br. 50/72 m/m. TB.

761 L'Archéologie. Plaquette. 50/70 m/m. Gambetta. Buste à g. 1888. ℞. Monument. 69 m/m. République française. Plaquette rect. Br. 49/73 m/m. — Ens. 3 p. TB.

762 *Vernon*. Cour des Comptes. 1807-1907. Plaquette rect. Br. 54/70 m/m. TB.

763 L'Escadre russe à Cherbourg. 1896. 70 m/m. Université de Paris. L'Histoire soulevant le voile du Passé. Br. 68 m/m. — Ens. 2 p. TB.

764 L'Ecole. La Photographie. Le Dessin. La Musique. Le Jardinage La Gymnastique. Le Cyclisme. Br. 50 m/m. — Ens. 7 p. TB.

765 Le Christ bénissant deux époux. Arg. 36 m/m. Valentin Haüy. Buste à dr. 1887. Br. 50 m/m. *Yencesse*. Le Baiser. Br. 45 m/m. — Ens. 3 p. TB.

766 *Divers*. Tir au fusil. Artillerie. Pompiers, etc. Divers modules. Br. — Ens. 10 p. TB.

767 Lot de médailles diverses la plupart en galvano. Cuivre et étain. — Ens. 11 p.

768 Lot de médailles et médaillettes. Modules divers. Etain et Br. — Ens. 96 p. B. et TB.

769 **Médailles religieuses**. Pièces diverses de format divers. Arg. et Br. — Ens. 26 p. TB.

770 N. D. des Victoires. Arg. 50 m/m. Autres médailles. Pièce carrée russe, etc. Arg. et Cuivre. — Ens. 11 p. TB.

771 *Pièces de pèlerinages*. Divers formats, en général petites. Arg. et Cuivre. — Ens. 55 p. TB.

772 Autre lot. Arg. et Cuivre. — Ens. 85 p. TB.

773 **Méreaux d'églises.** S. Gervais, S. Séverin, S. Jacques, S. Eustache, Rouen, etc. 17 p. Cuivre. *Deniers pour épouser*. 4 p. Arg. 1 p. Cuivre. *Bulles*, 3 p. Plomb. — Ens. 25 p. B. et TB.

774 Pièces cruciformes. Bois et Cuivre. Ornement de chapelet, ivoire, etc. — Ens. 13 p. TB.

775 Grand lot. Monnaies françaises et étrangères. Arg. Bill. et Nickel 11 p. Cuivre. 256 p. Jetons cuivre, 33 p. Monnaies fausses 7 p. — Ens. 307 p.

LIVRES DE NUMISMATIQUE

776 *Abot de Bazinghen*. Traité des monnoies. Paris, 1764. 2 vol. in-4° Rel. veau.

777 *Bonneville* (A.). Encyclopédie monétaire. Paris, 1849, in-f°, nombr. pl. Demi-rel.

778 *Bonneville* (P. F.). Traité des monnaies d'or et d'argent. Paris, 1806. in-f°. nombr. pl. de monnaies. Demi-rel.

779 *Boudeau*. Catalogue général illustré des monnaies françaises. Edition 1902. In-8°. Rel. toile rouge.

780 Recueil de catalogues de médailles françaises. In-8°. Rel. toile rouge.

781 *Darier*. Tableau des monnaies. Genève. 1807, in-4°. 41 pl. Cart.

782 *Dewamin* (Collection). Monnaies Françaises 1789-1889. Paris. 1901, in-8°, et prix. Cart.

783 *Letellier*. Monnaies romaines. — Monnaies royales et seigneuriales. Paris. 2 vol. in-12. Cart.

784 *Marx* (Roger). Les médailleurs français depuis 1789. Paris. 1894. in-4°. 11 pl. et nombr. fig. Br.

785 *Richard* (Collection). Jetons français. Paris. 1904, in-8° 9 pl. Ta- et prix de vente. Demi-rel.

786 *Rollin et Feuardent*. Catalogue des monnaies royales et seigneuriales. Paris. 1900. in-8°. Demi-rel.

787 *Zay* (E.). Histoire monétaire des colonies françaises. Paris. 1892, in-8° et supplément. 1904. Belle demi-rel.

788 Médailles françaises dont les coins sont conservés au musée monétaire. Paris, 1892, gr. in-4°. Belle reliure brune.

789 Prix des Monnoyes de France. Nombr. fig. Rouen. 1736. Petit in-4°. Rel. veau.

790 Lot de Brochures numismatiques. Forgeais, Lenormant, Bordeaux, etc.

791 Grand lot de Catalogues de ventes françaises et étrangères. Br. Ce lot pourra être divisé.

792 **Neuf médaillers**, devant chêne, à 12 tiroirs. Hauteur de chaque meuble, 42 %; largeur, 63 ; profondeur, 25. En bon état et deux petits médaillers semblables ; à vendre séparément.

793 *Cartons à médailles*. Lot de 46 cartons, drap rouge.

794 Très grand lot de cartons verts, ayant garni les médailliers.

795 Lot d'écrins à médailles.

www.ingramcontent.com/pod-product-compliance
Ingram Content Group UK Ltd.
Pitfield, Milton Keynes, MK11 3LW, UK
UKHW021115290826
14628UKWH00014B/2405

9 782329 323008